OECD-Leitsätze für multinationale Unternehmen zu verantwortungsvollem unternehmerischem Handeln

OECD
BESSERE POLITIK FÜR EIN BESSERES LEBEN

Die 2023 vorgenommenen Änderungen an den *OECD-Leitsätzen für multinationale Unternehmen zu verantwortungsvollem unternehmerischem Handeln* wurden von den Unterzeichnerstaaten der Erklärung über internationale Investitionen und multinationale Unternehmen [*Declaration on International Investment and Multinational Enterprises*, OECD/LEGAL/0144] angenommen. *Der Beschluss zu den Leitsätzen für multinationale Unternehmen zu verantwortungsvollem unternehmerischem Handeln* [OECD/LEGAL/0307] wurde vom Rat der OECD auf Ministerebene verabschiedet. Die Erläuterungen zu beiden wurden vom OECD-Investitionsausschuss gebilligt. Die Veröffentlichung des Vorworts erfolgt unter der Verantwortung des Generalsekretärs der OECD. Es spiegelt nicht zwangsläufig die offizielle Einstellung der Mitgliedstaaten der OECD wider.

Dieses Dokument sowie die darin enthaltenen Daten und Karten berühren weder den völkerrechtlichen Status von Territorien noch die Souveränität über Territorien, den Verlauf internationaler Grenzen und Grenzlinien sowie den Namen von Territorien, Städten oder Gebieten.

Bitte zitieren Sie diese Publikation wie folgt:
OECD (2023), *OECD-Leitsätze für multinationale Unternehmen zu verantwortungsvollem unternehmerischem Handeln*, OECD Publishing, Paris, https://doi.org/10.1787/abd4d37b-de.

ISBN 978-92-64-50901-6 (Print)
ISBN 978-92-64-53784-2 (PDF)

Originaltitel: *OECD Guidelines for Multinational Enterprises on Responsible Business Conduct*
Übersetzung durch den Deutschen Übersetzungsdienst der OECD.

Korrigenda zu Veröffentlichungen sind verfügbar unter: www.oecd.org/about/publishing/corrigenda.htm.

Vorwort

Die *OECD-Leitsätze für multinationale Unternehmen zu verantwortungsvollem unternehmerischem Handeln* (die *Leitsätze*) sind gemeinsame Empfehlungen der Regierungen an die multinationalen Unternehmen mit dem Ziel, den Beitrag der Wirtschaft zur nachhaltigen Entwicklung zu stärken und negativen Auswirkungen unternehmerischer Tätigkeiten auf die Menschen, den Planeten und die Gesellschaft zu begegnen. Die *Leitsätze* werden ergänzt durch einen einzigartigen Umsetzungsmechanismus in Form der von den Regierungen eingerichteten Nationalen Kontaktstellen (NKS) für verantwortungsvolles unternehmerisches Handeln, die die wirksame Anwendung der *Leitsätze* fördern sollen.

Seit ihrer Einführung im Jahr 1976 wurden die *Leitsätze* fortlaufend aktualisiert, damit sie in Anbetracht der gesellschaftlichen Herausforderungen und des sich wandelnden Umfelds des internationalen Geschäftsverkehrs weiterhin ihren Zweck erfüllen. Die aktualisierte Fassung von 2023 berücksichtigt ein Jahrzehnt an Erfahrungen, die seit der letzten Überarbeitung im Jahr 2011 gesammelt wurden; sie trägt dringenden sozialen, ökologischen und technologischen Prioritäten Rechnung, mit denen Gesellschaft und Wirtschaft konfrontiert sind. Zu den wichtigsten Neuerungen zählen:

- Empfehlungen zur Ausrichtung der Unternehmen an den international vereinbarten Klima- und Biodiversitätszielen
- Berücksichtigung der Erwartungen im Hinblick auf die Erfüllung der Sorgfaltspflicht bei Technologieentwicklung, -finanzierung, -verkauf, -lizenzierung, -handel und -nutzung, einschließlich Datenerhebung und -nutzung
- Empfehlungen für Maßnahmen, mit denen Unternehmen ihrer Sorgfaltspflicht im Hinblick auf Auswirkungen und Geschäftsbeziehungen im Zusammenhang mit der Nutzung ihrer Produkte und Dienstleistungen gerecht werden können
- stärkere Berücksichtigung der Schutzwürdigkeit gefährdeter Personen und Bevölkerungsgruppen, einschließlich derjenigen, die Bedenken bezüglich des Verhaltens von Unternehmen melden
- aktualisierte Empfehlungen zur Offenlegung von Informationen über verantwortungsvolles unternehmerisches Handeln
- Ausweitung der Empfehlungen zur Erfüllung der Sorgfaltspflicht auf alle Formen der Korruption
- Empfehlungen zur Sicherstellung der Konformität unternehmerischer Lobbyarbeit mit den *Leitsätzen*
- Verbesserung der Verfahren, um die Sichtbarkeit, Wirksamkeit und funktionale Äquivalenz der Nationalen Kontaktstellen für verantwortungsvolles unternehmerisches Handeln zu gewährleisten

Die Arbeiten zur Aktualisierung wurden von den 51 Unterzeichnerstaaten der Erklärung über internationale Investitionen und multinationale Unternehmen [*Declaration on International Investment and Multinational Enterprises*] der OECD und von der Europäischen Union durchgeführt, die an der OECD-Arbeitsgruppe für verantwortungsvolles unternehmerisches Handeln und am Investitionsausschuss der OECD beteiligt sind. Die Aktualisierung erfolgte unter enger Mitarbeit der folgenden institutionellen Akteure, die die Positionen von Millionen von Unternehmen, Arbeitskräften und Mitgliedern der Zivilgesellschaft weltweit vertreten: Business at OECD (BIAC), Gewerkschaftlicher Beratungsausschuss bei der OECD (TUAC) und OECD Watch. Das Verfahren umfasste auch zwei öffentliche Konsultationen, an denen sich Interessenträger*innen aus aller Welt beteiligen konnten.

Die OECD-Gremien und ihre jeweiligen Sekretariate wurden um Stellungnahme gebeten und leisteten Beiträge zur Überarbeitung der themenspezifischen Kapitel der *Leitsätze*, darunter der Wettbewerbsausschuss, der Ausschuss für Verbraucherpolitik, der Ausschuss für Corporate Governance, der Entwicklungsausschuss, der Ausschuss für digitale Wirtschaft, der Ausschuss für Beschäftigung, Arbeit und Sozialfragen, der Umweltausschuss, der Finanzmarktausschuss, der Ausschuss für Steuerfragen, der Ausschuss für Industrie, Innovation und Unternehmertum, der Ausschuss Versicherungen und private Altersvorsorge, der Ausschuss für Wissenschafts- und Technologiepolitik, der Ausschuss für KMU und Unternehmertum, der Handelsausschuss, die Arbeitsgruppe für Bestechungsfragen im internationalen Geschäftsverkehr und die Arbeitsgruppe hochrangiger Verantwortlicher für Integrität im öffentlichen Sektor.

Die Erarbeitung der aktualisierten Fassung wurde vom Zentrum für verantwortungsvolles unternehmerisches Handeln in der OECD-Direktion Finanz- und Unternehmensfragen unterstützt.

Inhaltsverzeichnis

Vorwort 3

Erklärung über internationale Investitionen und multinationale Unternehmen 7

Teil I: OECD-Leitsätze für multinationale Unternehmen zu verantwortungsvollem unternehmerischem Handeln 9

Einführung 10

I. Begriffe und Grundlagen 13

II. Allgemeine Grundsätze 15

III. Offenlegung von Informationen 23

IV. Menschenrechte 28

V. Beschäftigung und Beziehungen zwischen den Sozialpartnern 32

VI. Umwelt 38

VII. Bekämpfung von Bestechung und sonstigen Korruptionsformen 46

VIII. Verbraucherinteressen 51

IX. Wissenschaft, Technologie und Innovation 55

X. Wettbewerb 59

XI. Besteuerung 61

Teil II: Umsetzungsverfahren der OECD-Leitsätze für multinationale Unternehmen zu verantwortungsvollem unternehmerischem Handeln 65

Beschluss des Rates zu den Leitsätzen für multinationale Unternehmen zu verantwortungsvollem unternehmerischem Handeln 66

Verfahrensregelungen 69

Erläuterungen zu den Umsetzungsverfahren 75

Folgen Sie OECD-Veröffentlichungen auf:

- https://twitter.com/OECD
- https://www.facebook.com/theOECD
- https://www.linkedin.com/company/organisation-eco-cooperation-development-organisation-cooperation-developpement-eco/
- https://www.youtube.com/user/OECDiLibrary
- https://www.oecd.org/newsletters/

Erklärung über internationale Investitionen und multinationale Unternehmen

DIE REGIERUNGEN DER TEILNEHMERSTAATEN[1]

IN DER ERWÄGUNG,

- dass die internationalen Investitionen von wesentlicher Bedeutung für die Weltwirtschaft sind und zur Entwicklung ihrer Länder einen erheblichen Beitrag leisten;
- dass die multinationalen Unternehmen bei diesem Investitionsprozess eine wichtige Rolle spielen;
- dass es durch die internationale Zusammenarbeit möglich ist, das Klima für Auslandsinvestitionen zu verbessern, den positiven Beitrag, den die multinationalen Unternehmen zum wirtschaftlichen, sozialen und ökologischen Fortschritt leisten können, zu fördern und Schwierigkeiten, die aus der Tätigkeit dieser Unternehmen erwachsen können, auf ein Mindestmaß zu beschränken oder auszuräumen;
- dass die positiven Effekte der internationalen Zusammenarbeit dadurch gestärkt werden, dass Fragen im Zusammenhang mit internationalen Investitionen und multinationalen Unternehmen durch ein ausgewogenes Rahmenwerk miteinander verbundener Instrumente behandelt werden;

ERKLÄREN HIERMIT,

Leitsätze für multinationale Unternehmen

I. dass sie gemeinsam den auf ihrem jeweiligen Staatsgebiet tätigen bzw. von dort aus operierenden multinationalen Unternehmen die Beachtung der in Anhang 1 zu dieser Erklärung enthaltenen *Leitsätze*[2] empfehlen, und zwar unter Berücksichtigung der in der Einführung dargelegten Erwägungen und Erläuterungen, die einen festen Bestandteil dieser Leitsätze bilden;

---

[1] Zum Stand 8. Juni 2023 handelte es sich bei den Regierungen, die sich zur Einhaltung der *Leitsätze* verpflichtet haben, um alle OECD-Mitgliedstaaten sowie um Ägypten, Argentinien, Brasilien, Bulgarien, Kroatien, Jordanien, Kasachstan, Marokko, Peru, Rumänien, Tunesien, die Ukraine und Uruguay. Die Europäische Gemeinschaft wurde eingeladen, sich in Bezug auf Fragen, die in ihren Zuständigkeitsbereich fallen, dem Abschnitt über Inländerbehandlung anzuschließen.

[2] Der Wortlaut der *OECD-Leitsätze für multinationale Unternehmen zu verantwortungsvollem unternehmerischem Handeln* ist in Teil I dieser Publikation wiedergegeben.

Inländerbehandlung

II. 1. dass die Regierungen der Teilnehmerstaaten – im Einklang mit der Notwendigkeit, die öffentliche Ordnung aufrechtzuerhalten, ihre wesentlichen Sicherheitsinteressen zu schützen und ihren Verpflichtungen zur Wahrung von Frieden und Sicherheit in der Welt nachzukommen – Unternehmen, die auf ihrem Staatsgebiet tätig sind und die sich mittelbar oder unmittelbar im Eigentum oder unter der Kontrolle von Staatsangehörigen anderer Teilnehmerstaaten befinden (im Folgenden als „Unternehmen unter ausländischer Kontrolle" bezeichnet), im Geltungsbereich ihrer Gesetze, Durchführungsbestimmungen und Verwaltungspraktiken eine Behandlung zuteilwerden lassen sollten, die im Einklang mit dem internationalen Recht steht und nicht weniger günstig ist, als sie inländischen Unternehmen unter vergleichbaren Bedingungen zuteilwird (im Folgenden als „Inländerbehandlung" bezeichnet);

2. dass die Regierungen der Teilnehmerstaaten die Anwendung der „Inländerbehandlung" auch auf Nichtteilnehmerstaaten in Erwägung ziehen werden;

3. dass die Regierungen der Teilnehmerstaaten sich bemühen werden, sicherzustellen, dass die „Inländerbehandlung" auch von den innerhalb ihres Staatsgebiets bestehenden Gebietskörperschaften angewendet wird;

4. dass das Recht der Regierungen der Teilnehmerstaaten, den Zufluss von ausländischen Investitionen oder die Ansiedlungsbedingungen für ausländische Unternehmen zu regeln, von dieser Erklärung nicht berührt wird;

Widersprüchliche Anforderungen

III. dass sie mit dem Ziel zusammenarbeiten werden, widersprüchliche Auflagen für multinationale Unternehmen zu vermeiden oder auf ein Mindestmaß zu beschränken, und dass sie die in Anhang 2 zu dieser Erklärung enthaltenen allgemeinen Erwägungen und praktischen Verhaltensweisen berücksichtigen werden[3];

Maßnahmen zur Förderung oder Abwehr internationaler Investitionen

IV. 1. dass sie sich der Notwendigkeit bewusst sind, ihre Zusammenarbeit im Bereich der internationalen Direktinvestitionen zu verstärken;

2. dass sie sich infolgedessen der Notwendigkeit bewusst sind, die Interessen der Teilnehmerstaaten angemessen zu berücksichtigen, wenn diese von Gesetzen, Durchführungsbestimmungen und Verwaltungspraktiken (im Folgenden als „Maßnahmen" bezeichnet) betroffen sind, die darauf abzielen, internationale Direktinvestitionen zu fördern oder abzuwehren;

3. dass die Regierungen der Teilnehmerstaaten sich bemühen werden, derartige Maßnahmen möglichst transparent zu gestalten, sodass deren Bedeutung und Zweck klar erkennbar und einschlägige Informationen ohne Weiteres erhältlich sind;

Konsultationsverfahren

V. dass sie bereit sind, sich in den vorgenannten Fragen in Übereinstimmung mit den einschlägigen Ratsbeschlüssen gegenseitig zu konsultieren;

Überprüfung

VI. dass sie die oben genannten Fragen in regelmäßigen Zeitabständen mit dem Ziel überprüfen werden, die Wirksamkeit der internationalen wirtschaftlichen Zusammenarbeit zwischen den Teilnehmerstaaten auf dem Gebiet der internationalen Investitionen und multinationalen Unternehmen zu verbessern.

---

[3] Anhang 2 kann der Vollversion der Erklärung über internationale Investitionen und multinationale Unternehmen [*Declaration on International Investment and Multinational Enterprises*] entnommen werden, die hier verfügbar ist: https://legalinstruments.oecd.org/en/instruments/OECD-LEGAL-0144.

Teil I: OECD-Leitsätze für multinationale Unternehmen zu verantwortungsvollem unternehmerischem Handeln

Wortlaut und Erläuterungen

Einführung

1. Die *OECD-Leitsätze für multinationale Unternehmen zu verantwortungsvollem unternehmerischem Handeln* (die *Leitsätze*) stellen Empfehlungen der Regierungen an die multinationalen Unternehmen dar. Das gemeinsame Ziel der Teilnehmerstaaten besteht darin, den positiven Beitrag zu fördern, den die Unternehmen zum ökonomischen, ökologischen und sozialen Fortschritt leisten können, und die negativen Auswirkungen, die im Zusammenhang mit der Geschäftstätigkeit, den Produkten oder Dienstleistungen eines Unternehmens auf die in den *Leitsätzen* behandelten Themen entstehen können, auf ein Mindestmaß zu beschränken. Verantwortungsvolles unternehmerisches Handeln kann gleiche Rahmenbedingungen auf globalen Märkten schaffen, einen dynamischen und gut funktionierenden Unternehmenssektor fördern und den Beitrag der Wirtschaft zu nachhaltigen Entwicklungsergebnissen stärken. Letzteres umfasst auch Lösungen, um auf den Klimawandel zu reagieren und diesem zu begegnen.

2. Die *Leitsätze* sind Bestandteil der OECD-Erklärung über internationale Investitionen und multinationale Unternehmen [*Declaration on International Investment and Multinational Enterprises*, OECD/LEGAL/0144]. Die Teilnehmerstaaten verpflichten sich dazu, die wirksame Anwendung der *Leitsätze* im Einklang mit dem Ratsbeschluss zu den OECD-Leitsätzen für multinationale Unternehmen zu verantwortungsvollem unternehmerischem Handeln [*Decision of the Council on the Guidelines for Multinational Enterprises on Responsible Business Conduct*, OECD/LEGAL/0307] zu fördern. Den Nationalen Kontaktstellen für verantwortungsvolles unternehmerisches Handeln kommt diesbezüglich eine zentrale Rolle zu.

3. Die *Leitsätze* sollen auf eine verantwortungsvolle Handels- und Investitionstätigkeit hinwirken, um die positiven Wirkungen des Handels und der Investitionen zu vervielfachen, indem alle Märkte weltweit kontinuierlich einbezogen und verbessert werden. Die internationale Handels- und Investitionstätigkeit stärkt und vertieft die Beziehungen zwischen den Ländern und Regionen der Welt und schafft mit seinen erheblichen Vorteilen die Voraussetzungen für nachhaltige Entwicklungsergebnisse der Gesellschaften – z. B. für mehr und bessere Arbeitsplätze und die Entwicklung von Kompetenzen, aber auch für die Bereitstellung von Produkten und Dienstleistungen, die den Lebensstandard verbessern, sowie für den Zugang zu Kapital und Technologien, die für die digitale und ökologische Transformation notwendig sind.

4. In den *Leitsätzen* wird zum Ausdruck gebracht, welche gemeinsamen Erwartungen die Teilnehmerstaaten im Hinblick auf verantwortungsvolles unternehmerisches Handeln an die Unternehmen hegen, die auf ihrem Staatsgebiet tätig sind oder von dort aus operieren. Außerdem dienen sie den Unternehmen und anderen Akteuren als eine maßgebliche Orientierungshilfe. Den Unternehmen wird darin empfohlen, risikoabhängige Due-Diligence-Prüfungen durchzuführen, um tatsächliche und potenzielle negative Auswirkungen auf die in den *Leitsätzen* behandelten Themen zu ermitteln, zu verhüten und zu mindern sowie Rechenschaft darüber abzulegen, wie sie diesen Effekten begegnen. In dieser Hinsicht ergänzen und stärken die *Leitsätze* private und öffentliche Initiativen zur Definition und Umsetzung von Maßstäben für ein verantwortungsvolles unternehmerisches Handeln.

5. Die *Leitsätze* legen auf dem Prinzip der Freiwilligkeit beruhende Grundsätze und Maßstäbe für ein verantwortungsvolles und dem geltenden Recht und international anerkannten Normen entsprechendes unternehmerisches Handeln fest. Außerdem können die in den *Leitsätzen* behandelten Themen auch Gegenstand nationalen Rechts und etwaiger internationaler Verpflichtungen sein. Die *Leitsätze* formulieren Empfehlungen für verantwortungsvolles unternehmerisches Handeln, die möglicherweise über die gesetzlichen Verpflichtungen der Unternehmen hinausgehen. Es gilt, zwischen der Empfehlung seitens der Regierungen, dass die Unternehmen die *Leitsätze* beachten, und den Fragen der gesetzlichen Haftung und der Rechtsdurchsetzung zu unterscheiden.

6. Die Fähigkeit der multinationalen Unternehmen, nachhaltige Entwicklung zu fördern, wird entscheidend gestärkt, wenn Handel und Investitionen im Kontext offener, wettbewerbsfähiger und adäquat regulierter Märkte stattfinden, die von Rechtsstaatlichkeit und dem Schutz zivilgesellschaftlicher Handlungsspielräume geprägt sind. Dem Staat kommt eine wichtige Rolle dabei zu, die effektive Umsetzung der *Leitsätze* zu unterstützen, beispielsweise indem er günstige politische Rahmenbedingungen schafft, um verantwortungsvolles unternehmerisches Handeln zu stärken, zu stützen und zu fördern. Politikkohärenz auf nationaler und internationaler Ebene kann die einheitliche Ausrichtung und Harmonisierung von Initiativen für verantwortungsvolles unternehmerisches Handeln begünstigen. Diesbezüglich ist ein intelligenter Mix von staatlichen Konzepten und Maßnahmen wichtig, der sowohl verbindliche als auch freiwillige Ansätze sowie Kapazitätsaufbau und andere Begleitmaßnahmen umfassen kann. Die konkrete Ausgestaltung der Politik, der Gesetzgebung und der sonstigen Maßnahmen zur Förderung verantwortungsvollen unternehmerischen Handelns wird vom politischen, administrativen und rechtlichen Kontext des betreffenden Landes abhängen.

7. Das politische, wirtschaftliche, ökologische, gesellschaftliche, physische und technologische Umfeld für den internationalen Geschäftsverkehr verändert sich rasch und tiefgreifend. Die *Leitsätze* wurden ihrerseits weiterentwickelt, um diesem Wandel Rechnung zu tragen. In den vergangenen Jahrzehnten ist der Anteil des internationalen Handels und der internationalen Finanzwirtschaft an der Weltwirtschaft beträchtlich gestiegen. Ein erheblicher Teil der internationalen Handels- und Investitionstätigkeit entfällt nach wie vor auf Großunternehmen, während zugleich auch kleine und mittlere Unternehmen vermehrt grenzüberschreitend handeln und investieren, sodass auch diese Unternehmen heute eine wichtige Rolle an den internationalen Märkten spielen. Die multinationalen Unternehmen haben sich – ebenso wie die nationalen Unternehmen – weiterentwickelt, sodass ihr Spektrum an Unternehmensstrukturen und Organisationsformen heute breiter gefächert ist. Technologische Entwicklungen, strategische Allianzen und engere Beziehungen zu Zulieferern und Auftragnehmern verwischen immer mehr die eigentlichen Unternehmensgrenzen. Die raschen Strukturveränderungen der multinationalen Unternehmen kommen auch bei ihren Aktivitäten in den aufstrebenden Volkswirtschaften und Entwicklungsländern zum Ausdruck, deren Anteil an der grenzüberschreitenden Handels- und Investitionstätigkeit zunimmt. In diesen Ländern haben die multinationalen Unternehmen ihre Tätigkeiten zunehmend diversifiziert und auf Verarbeitung und Montage, Erschließung des Binnenmarkts und Dienstleistungen ausgeweitet, anstatt sich wie früher auf Grundstofferzeugung und -gewinnung zu beschränken.

8. Art, Umfang und Tempo des wirtschaftlichen Wandels stellen die Unternehmen und ihre Stakeholder vor neue strategische Herausforderungen. Es herrscht ein scharfer Wettbewerb und die multinationalen Unternehmen sehen sich einer Vielzahl rechtlicher, sozialer und regulatorischer Konstellationen gegenüber. Zahlreiche multinationale Unternehmen liefern den Beweis dafür, dass die Beachtung hoher Standards bei der Ausübung ihrer Geschäftstätigkeit mit Wachstum und Rentabilität Hand in Hand geht. Die Unternehmen setzen immer häufiger Geschäftsmodelle um, die auf nachhaltige Entwicklung abzielen und die Kohärenz zwischen wirtschaftlichen, ökologischen und gesellschaftlichen Zielen unterstützen. Außerdem haben die Unternehmen den gesellschaftlichen Dialog darüber angeregt, was als verantwortungsvolles unternehmerisches Handeln anzusehen ist, und haben mit den Stakeholdern u. a. im Rahmen von Multi-Stakeholder-Initiativen an der Aufstellung entsprechender Grundsätze gearbeitet.

9. Die Verabschiedung der *Leitsätze* im Jahr 1976 und ihrer nachfolgenden Aktualisierungen spiegelt die Tatsache wider, dass zunehmend die Forderung an Unternehmen gestellt wird, die Grundsätze und Maßstäbe für verantwortungsvolles unternehmerisches Handeln einzuhalten. Diese Entwicklung hat Anfang des zwanzigsten Jahrhunderts mit den Arbeiten der Internationalen Arbeitsorganisation (ILO) begonnen. Die Annahme der *Allgemeinen Erklärung der Menschenrechte* durch die Vereinten Nationen im Jahr 1948 war ein weiterer Meilenstein. Ihm folgte die kontinuierliche Weiterentwicklung von Standards, die für viele Bereiche verantwortungsvollen unternehmerischen Handelns maßgeblich sind. Die OECD hat mit der Entwicklung von Standards in so unterschiedlichen Bereichen wie Umwelt, Korruptions-

bekämpfung, Verbraucherinteressen, Corporate Governance, Wissenschaft, Technologie und Innovation sowie Besteuerung einen wichtigen Beitrag zu diesem Prozess geleistet.

10. Die *Leitsätze* sind weiterhin das bedeutendste internationale Instrument für verantwortungsvolles unternehmerisches Handeln. Die Staaten, die den *Leitsätzen* zugestimmt haben, verpflichten sich dazu, gemeinsam und in Zusammenarbeit mit den Regierungen anderer Staaten die Umsetzung der *Leitsätze* zu fördern. Dabei haben sie die Vielzahl von Unternehmen, Gewerkschaften und Nichtregierungsorganisationen als Partner, die mit den ihnen eigenen Mitteln das gleiche Ziel zu erreichen suchen.

I. Begriffe und Grundlagen

1. Die *Leitsätze* stellen gemeinsame Empfehlungen der Regierungen an multinationale Unternehmen dar. Sie enthalten Grundsätze und Maßstäbe für gute Praktiken im Einklang mit dem geltenden Recht und international anerkannten Standards. Die Einhaltung der *Leitsätze* durch die Unternehmen beruht auf dem Prinzip der Freiwilligkeit und ist rechtlich nicht durchsetzbar. Allerdings können einige der in den *Leitsätzen* behandelten Fragen auch Gegenstand nationalen Rechts oder internationaler Verpflichtungen sein.
2. Die erste Pflicht der Unternehmen besteht in der Einhaltung des geltenden Rechts der jeweiligen Länder. Die *Leitsätze* sind weder ein Ersatz für nationale Gesetze und Vorschriften, noch dürfen sie als diesen übergeordnet angesehen werden. Halten Regierungen nicht an den Grundsätzen und Maßstäben der *Leitsätze* fest oder kommen sie ihren damit einhergehenden internationalen Verpflichtungen nicht nach, so verringert sich dadurch allerdings nicht die Erwartung an die Unternehmen, die *Leitsätze* einzuhalten. Wenn der Anwendungsbereich der *Leitsätze* auch vielfach über den der Gesetze hinausgeht, läuft es jedoch ihrem Ziel und Zweck zuwider, ein Unternehmen mit widersprüchlichen Auflagen zu konfrontieren. Wann immer allerdings nationale Gesetze und Vorschriften mit den Grundsätzen und Maßstäben der *Leitsätze* in Konflikt stehen, sollten die Unternehmen nach Mitteln und Wegen suchen, um diese Grundsätze und Maßstäbe so weit wie irgend möglich einzuhalten, ohne gegen das geltende Recht des jeweiligen Landes zu verstoßen.
3. Da sich die Geschäftstätigkeit multinationaler Unternehmen über die gesamte Welt erstreckt, sollte die internationale Zusammenarbeit in diesem Bereich sämtliche Länder einbeziehen. Die Staaten, die den *Leitsätzen* zugestimmt haben, halten jedes auf ihrem Staatsgebiet tätige bzw. von dort aus operierende multinationale Unternehmen dazu an, die *Leitsätze* überall dort, wo es seine Geschäftstätigkeit ausübt, zu beachten und dabei die besonderen Gegebenheiten des jeweiligen Gastlands zu berücksichtigen.
4. Eine genaue Definition des Begriffs „multinationales Unternehmen" ist für die Zwecke der *Leitsätze* nicht erforderlich. Im Sinne der *Leitsätze* kann eine große Bandbreite an Einheiten als multinationale Unternehmen gelten. Dabei gilt es jedoch, die internationale Ausrichtung der Struktur und Tätigkeiten des Unternehmens sowie seine Gesellschaftsform, seinen Zweck und seine Aktivitäten als wesentliche Faktoren zu berücksichtigen. Multinationale Unternehmen sind in allen Wirtschaftsbereichen tätig. Sie sind gewöhnlich mit Unternehmen oder anderen Einheiten in mehreren Ländern präsent; diese Einheiten sind so miteinander verbunden, dass sie ihre Geschäftstätigkeit auf unterschiedliche Art und Weise koordinieren können. Eine oder mehrere dieser Einheiten können u. U. in der Lage sein, einen wesentlichen Einfluss auf die Geschäftstätigkeit der anderen Einheiten der Gruppe auszuüben. Der Autonomiegrad der einzelnen Einheiten kann sich jedoch von einem multinationalen Unternehmen zum anderen deutlich unterscheiden. Das Gesellschaftskapital kann privat, öffentlich oder gemischt sein. Die *Leitsätze* gelten für alle Einheiten eines multinationalen Unternehmens (Muttergesellschaften und/oder nationale Einheiten). Von den verschiedenen Einheiten wird – entsprechend der effektiv zwischen ihnen bestehenden Kompetenzaufteilung – erwartet, dass sie zusammenarbeiten und sich gegenseitig unterstützen, um die Einhaltung der *Leitsätze* zu erleichtern.
5. Mit den *Leitsätzen* wird keine unterschiedliche Behandlung von multinationalen und nationalen Unternehmen bezweckt; vielmehr sehen sie gute Praktiken für alle Unternehmen vor: Insoweit als

die *Leitsätze* auf alle Unternehmen anwendbar sind, werden an das Verhalten multinationaler und nationaler Unternehmen dieselben Erwartungen gestellt.

6. Die Regierungen sind bestrebt, die Einhaltung der *Leitsätze* auf möglichst breiter Basis zu fördern. Wenn auch eingeräumt wird, dass kleine und mittlere Unternehmen möglicherweise nicht über dieselben Kapazitäten wie Großunternehmen verfügen, halten die Teilnehmerstaaten gleichwohl auch diese dazu an, die Empfehlungen der *Leitsätze* so weit wie irgend möglich anzuwenden.
7. Die Teilnehmerstaaten sollten die *Leitsätze* weder zu protektionistischen Zwecken noch auf eine Weise verwenden, die den komparativen Vorteil eines Landes, in dem multinationale Unternehmen investieren, beeinträchtigt.
8. Regierungen sind befugt, vorbehaltlich des internationalen Rechts die Bedingungen festzusetzen, unter denen multinationale Unternehmen innerhalb ihres Hoheitsgebiets tätig werden. Die in verschiedenen Ländern ansässigen Einheiten eines multinationalen Unternehmens unterliegen den in den jeweiligen Ländern geltenden Gesetzen. Sofern sich multinationale Unternehmen widersprüchlichen Auflagen von Teilnehmerstaaten oder Drittländern gegenübersehen, sind die betreffenden Regierungen dazu aufgerufen, bei der Überwindung eventuell auftretender Schwierigkeiten vertrauensvoll zusammenzuarbeiten.
9. Die Annahme der *Leitsätze* geht einher mit dem Bekenntnis der Teilnehmerstaaten zu ihrer Verantwortung für eine gerechte Behandlung der Unternehmen in Übereinstimmung mit dem internationalen Recht sowie den von ihnen eingegangenen vertraglichen Verpflichtungen.
10. Um die Lösung etwaiger rechtlicher Konflikte zwischen Unternehmen und Regierungen der Gastländer zu erleichtern, sollte die Anwendung von Schiedsverfahren und anderen geeigneten internationalen Streitbeilegungsmechanismen gefördert werden.
11. Die Teilnehmerstaaten werden die *Leitsätze* umsetzen und sich für ihre Anwendung einsetzen. Sie werden Nationale Kontaktstellen für verantwortungsvolles unternehmerisches Handeln einrichten, die die Beachtung der *Leitsätze* fördern und als Diskussionsforum für sämtliche Fragen bezüglich der *Leitsätze* fungieren. Die Teilnehmerstaaten werden ferner an geeigneten Prüfungs- und Konsultationsverfahren teilnehmen, um einschlägige Bedenken hinsichtlich der Auslegung und Umsetzung der *Leitsätze* auszuräumen und deren anhaltende Relevanz in einer sich wandelnden Welt zu gewährleisten.

II. Allgemeine Grundsätze

Die Unternehmen sollten der erklärten Politik der Länder, in denen sie tätig sind, voll Rechnung tragen und auch die Positionen der anderen beteiligten Akteure berücksichtigen.

A. Die Unternehmen sollten in dieser Hinsicht

1. einen Beitrag zum wirtschaftlichen, ökologischen und sozialen Fortschritt im Hinblick auf die angestrebte nachhaltige Entwicklung leisten.
2. die international anerkannten Menschenrechte der von ihren Tätigkeiten betroffenen Personen achten.
3. den Kapazitätsaufbau vor Ort durch eine enge Zusammenarbeit mit der ortsansässigen Bevölkerung einschließlich Vertreter*innen der lokalen Wirtschaft fördern und die eigenen Aktivitäten auf den Inlands- und Auslandsmärkten im Einklang mit dem Erfordernis solider Geschäftspraktiken ausbauen.
4. die Humankapitalbildung fördern, indem sie insbesondere Beschäftigungsmöglichkeiten schaffen und ihren Arbeitnehmer*innen Aus- und Weiterbildungsmöglichkeiten bieten.
5. Transparenz und Integrität bei der Lobbyarbeit gewährleisten und davon absehen, sich insbesondere in Bezug auf Menschenrechte, Umwelt, Gesundheit, Sicherheit, Beschäftigung, Besteuerung und finanzielle Anreize um Ausnahmeregelungen zu bemühen bzw. Ausnahmen zu akzeptieren, die die entsprechenden Gesetze oder der Regulierungsrahmen nicht vorsehen.
6. für die Grundsätze guter Corporate Governance eintreten und für deren Beachtung sorgen, empfehlenswerte Corporate-Governance-Praktiken entwickeln und anwenden und dabei auch die gesamte Unternehmensgruppe berücksichtigen.
7. wirksame Selbstregulierungspraktiken und Managementsysteme konzipieren und anwenden, die ein Klima des gegenseitigen Vertrauens zwischen den Unternehmen und den Gesellschaften der Gastländer begünstigen.
8. dafür sorgen, dass die in multinationalen Unternehmen beschäftigten Arbeitskräfte umfassend über die jeweilige Unternehmenspolitik unterrichtet sind und sich daran halten, indem sie hinreichend, auch im Rahmen von Schulungsprogrammen, über diese Politik informiert werden.
9. von diskriminierenden oder disziplinarischen Maßnahmen oder anderweitigen Repressalien gegenüber Arbeitnehmer*innen, Gewerkschaftsvertreter*innen oder anderen Arbeitnehmervertreter*innen absehen, wenn diese dem Management oder gegebenenfalls den zuständigen Behörden in gutem Glauben Praktiken melden, die gegen das geltende Recht, die *Leitsätze* oder die Unternehmenspolitik verstoßen.
10. auf Repressalien gegen Personen oder Gruppen verzichten, die Bedenken in Bezug auf die mit den Geschäftstätigkeiten, Produkten und Dienstleistungen des Unternehmens verbundenen tatsächlichen oder potenziellen negativen Effekte möglicherweise untersuchen oder melden bzw. eine Untersuchung oder Meldung anstreben. Außerdem sollten sie Maßnahmen ergreifen, um Repressalien gegen solche Personen oder Gruppen, auch durch Einheiten, mit denen das Unternehmen eine Geschäftsbeziehung unterhält, zu verhindern. Dazu gehört auch, ein Umfeld zu fördern, in dem sich Einzelpersonen ebenso wie Gruppen sicher fühlen, um Bedenken zu melden.

Wenn es zu Repressalien gekommen ist, sollten die Unternehmen gegebenenfalls einen Beitrag zur Wiedergutmachung negativer Auswirkungen leisten.

11. risikoabhängige Due-Diligence-Prüfungen durchführen, beispielsweise durch die Einbeziehung von Due Diligence in ihre Systeme für Unternehmensrisikomanagement, um, wie in den Ziffern 12 und 13 beschrieben, tatsächliche und potenzielle negative Effekte zu ermitteln, zu verhüten und zu mindern, sowie Rechenschaft darüber ablegen, wie diesen Effekten begegnet wird. Art und Umfang der Due-Diligence-Prüfungen hängen von den spezifischen Umständen des Einzelfalls ab.
12. verhindern, dass ihre eigenen Aktivitäten in Bereichen, die in den *Leitsätzen* behandelt werden, zu negativen Effekten führen oder beitragen. Wenn solche Effekte auftreten, sollten die Unternehmen ihnen entgegenwirken, u. a. indem sie Wiedergutmachung leisten oder sich daran beteiligen.
13. bestrebt sein, einen negativen Effekt auch dann zu verhüten oder zu mindern, wenn sie selbst zwar nicht zu diesem Effekt beigetragen haben, er aber aufgrund einer Geschäftsbeziehung unmittelbar mit der Geschäftstätigkeit, den Produkten oder Dienstleistungen des Unternehmens verbunden ist. Hiermit soll die Verantwortung aber nicht von dem Verursacher eines negativen Effekts auf das Unternehmen verlagert werden, mit dem der Verursacher eine Geschäftsbeziehung unterhält.
14. sich nicht darauf beschränken, negative Effekte zu bewältigen, die die Themen der *Leitsätze* betreffen. Vielmehr sollten sie darüber hinaus auch Einheiten, mit denen sie eine Geschäftsbeziehung unterhalten, zur Anwendung von Grundsätzen verantwortungsvollen unternehmerischen Handelns anhalten, soweit dies praktikabel ist. Diese Grundsätze sollten mit den *Leitsätzen* im Einklang stehen.
15. bei Maßnahmen zur Einhaltung der Sorgfaltspflicht den konstruktiven Austausch mit wichtigen Akteuren oder ihren rechtmäßigen Vertreter*innen suchen. Damit soll erreicht werden, dass deren Ansichten im Hinblick auf Aktivitäten, die u. U. erhebliche Auswirkungen auf sie haben und mit den in den *Leitsätzen* behandelten Themen im Zusammenhang stehen, berücksichtigt werden können.
16. sich jeder ungebührlichen Einmischung in die Politik enthalten.

B. Die Unternehmen werden in dieser Hinsicht dazu angehalten,

1. sich gegebenenfalls an Privat- oder Multi-Stakeholder-Initiativen und gesellschaftlichen Dialogen über verantwortungsvolles unternehmerisches Handeln zu beteiligen oder diese zu unterstützen. Dabei gilt es zu gewährleisten, dass diese Initiativen den sozialen und wirtschaftlichen Folgen von Unternehmensaktivitäten für die Entwicklungsländer sowie den existierenden international anerkannten Standards gebührend Rechnung tragen.

Erläuterungen zu Kapitel II: Allgemeine Grundsätze

1. Das Kapitel der *Leitsätze*, in dem die allgemeinen Grundsätze dargelegt werden, ist das erste Kapitel, in dem spezifische Empfehlungen an die Unternehmen gerichtet werden. Ihm kommt insofern besondere Bedeutung zu, als es die allgemeine Orientierung vorgibt und einheitliche Grundprinzipien definiert, die den spezifischen Empfehlungen der folgenden Kapitel zugrunde liegen.

2. Die Unternehmen werden dazu angehalten, bei der Konzipierung und Umsetzung politischer Maßnahmen und gesetzlicher Bestimmungen mit den Regierungen zusammenzuarbeiten. Diese Prozesse können dadurch bereichert werden, dass auch die Standpunkte anderer gesellschaftlicher Akteure berücksichtigt werden, namentlich die der lokalen Bevölkerung und der (potenziell) durch die Unternehmensaktivitäten Beeinträchtigten sowie der Geschäftswelt. Es wird ferner anerkannt, dass die Regierungen sich bei ihren Beziehungen zu den Unternehmen transparent verhalten und Vertreter*innen der Wirtschaft Gelegenheit zu Konsultationen geben sollten. Die Unternehmen, Sozialpartner und weitere Akteure, wie z. B. Organisationen der Zivilgesellschaft und Gewerkschaften, sollten bei der Entwicklung und

Anwendung von Selbstverpflichtungs- und Regulierungskonzepten (worunter auch die *Leitsätze* fallen) als Partner der staatlichen Stellen angesehen werden, soweit sie von solchen Maßnahmen betroffen sind.

3. Es darf keinen Widerspruch zwischen den Aktivitäten multinationaler Unternehmen und dem Ziel der nachhaltigen Entwicklung geben; die *Leitsätze* sollen diesbezüglich vielmehr Komplementäreffekte begünstigen. In der Tat trägt die Verzahnung von wirtschaftlichen, sozialen und ökologischen Fortschritten ganz wesentlich zur Verwirklichung der nachhaltigen Entwicklung bei.[1]

4. Die in Ziffer 2 des Abschnitts A enthaltene allgemeine Empfehlung über Menschenrechte wird in Kapitel IV ausführlicher behandelt.

5. In den *Leitsätzen* wird ferner anerkannt, dass die multinationalen Unternehmen im Rahmen ihrer Aktivitäten auf lokaler Ebene zum dortigen Kapazitätsaufbau beitragen können, und sie werden dazu angehalten, diesen Beitrag zu erbringen. Einen ähnlichen Inhalt hat die Empfehlung bezüglich der Humankapitalbildung, die eine ausdrückliche und zukunftsorientierte Anerkennung des Beitrags darstellt, den multinationale Unternehmen zur individuellen Entwicklung ihrer Arbeitnehmer*innen leisten können. Dabei erstreckt sich diese Empfehlung nicht nur auf die Einstellungspraxis, sondern auch auf Aus- und Weiterbildung sowie sonstige Maßnahmen der Mitarbeiterentwicklung. Unter Humankapitalbildung fallen ferner das Prinzip der Nichtdiskriminierung bei Einstellung und Beförderung, beim lebenslangen Lernen und bei anderen Bildungsmaßnahmen am Arbeitsplatz.

6. Die Unternehmen beteiligen sich frei am öffentlichen Diskurs. Wenn sie ihre Interessen öffentlich vertreten, sollten sie die Empfehlung des Rates zu den Grundsätzen für Transparenz und Integrität in der Lobbyarbeit [*Recommendation on Principles for Transparency and Integrity in Lobbying*, *OECD/LEGAL/0379*] gebührend berücksichtigen. Außerdem sollten die Unternehmen sicherstellen, dass ihre Lobbytätigkeiten mit ihren Verpflichtungen und Zielen hinsichtlich der in den *Leitsätzen* behandelten Themen im Einklang stehen. Es obliegt den Regierungen, die Integrität öffentlich Bediensteter durch Regelungen sicherzustellen, die an die Risiken der Lobbyarbeit gegenüber öffentlichen Amtsträger*innen angepasst sind. Gemäß den Empfehlungen der *Leitsätze* sollten sich die Unternehmen grundsätzlich aller Initiativen enthalten, die darauf abzielen, in den Genuss von Ausnahmen u. a. in Bezug auf Menschenrechte, Umwelt, Gesundheit, Sicherheit, Beschäftigung, Besteuerung und finanzielle Anreize zu kommen, die die entsprechenden Gesetze oder der Regulierungsrahmen nicht vorsehen. Dies berührt jedoch nicht das Recht eines Unternehmens, sich für eine Änderung der entsprechenden Vorschriften einzusetzen. Die Formulierung „bzw. Ausnahmen zu akzeptieren" unterstreicht darüber hinaus die Rolle, die der Staat bei der Gewährung solcher Ausnahmen spielt. Diese Art von Empfehlung richtet sich normalerweise an staatliche Stellen, sie ist aber auch von unmittelbarer Relevanz für multinationale Unternehmen. Es ist darauf hinzuweisen, dass bei bestimmten Gesetzen Ausnahmeregelungen durchaus mit dem öffentlichen Interesse und der Zielsetzung dieser Gesetze vereinbar sein können. Beispiele hierfür finden sich in den Kapiteln zu Umwelt und Wettbewerb.

7. Die *Leitsätze* empfehlen, dass Unternehmen gute Corporate-Governance-Praktiken entsprechend den *G20/OECD Principles of Corporate Governance* [*OECD/LEGAL/0413*] anwenden. In den Grundsätzen werden der Schutz und die Erleichterung der Ausübung der Aktionärsrechte gefordert, darunter die Gleichbehandlung der Aktionäre. Die Unternehmen sollten die gesetzlich verankerten oder einvernehmlich festgelegten Rechte ihrer Stakeholder respektieren und eine aktive Kooperation mit ihnen bei der Schaffung von Wohlstand, Arbeitsplätzen sowie nachhaltigen und resilienten Unternehmen fördern.

[1] Eine weithin akzeptierte Definition des Begriffs nachhaltige Entwicklung stammt aus dem Bericht der Weltkommission für Umwelt und Entwicklung (Brundtland-Kommission) von 1987: „Entwicklung, die die Bedürfnisse der Gegenwart befriedigt, ohne zu riskieren, dass künftige Generationen ihre eigenen Bedürfnisse nicht befriedigen können". Die globalen Ziele zur Beseitigung der weltweiten Armut, zum Schutz des Planeten und zur Gewährleistung von Frieden und Wohlstand für alle Menschen sind in diesem Zusammenhang ein wichtiger Bezugspunkt.

8. Den Grundsätzen zufolge hat das Board der Muttergesellschaft die strategische Ausrichtung des Unternehmens und die effektive Überwachung der Geschäftsführung zu gewährleisten, es ist gegenüber dem Unternehmen und seinen Aktionären rechenschaftspflichtig und es berücksichtigt dabei auch die Interessen der Stakeholder. Bei der Wahrnehmung dieser Aufgaben muss das Board die Integrität der Rechnungslegungs- und Buchführungssysteme des Unternehmens und u. a. unabhängige Abschlussprüfungen sowie die Sicherung angemessener Kontrollvorkehrungen gewährleisten, vor allem im Hinblick auf Risikomanagement, finanzielle und operative Kontrolle sowie die Beachtung der Gesetze und relevanten Standards.

9. Die Grundsätze gelten auch für börsennotierte Gesellschaften innerhalb der Unternehmensgruppen, wenngleich die Boards der Tochtergesellschaften möglicherweise gemäß der Gesetzgebung des Staates, in dem das Unternehmen eingetragen ist, Verpflichtungen haben. Die Einhaltungs- und Kontrollsysteme sollten, wenn möglich, diese Tochtergesellschaften einbeziehen. Darüber hinaus beinhaltet das Monitoring der Governance durch das Board auch eine kontinuierliche Überprüfung der internen Strukturen, um innerhalb der gesamten Gruppe klare Berichtslinien für die Rechenschaftspflicht der Unternehmensleitungen zu gewährleisten.

10. Für staatseigene multinationale Unternehmen gelten dieselben Empfehlungen wie für Unternehmen in Privatbesitz, jedoch geht die Rolle des Staats als Endeigentümer häufig mit einer verstärkten öffentlichen Kontrolle einher. Die *OECD-Leitsätze zu Corporate Governance in staatseigenen Unternehmen* sind ein hilfreicher und speziell auf diese Unternehmen zugeschnittener Leitfaden, und die in ihnen enthaltenen Empfehlungen könnten die Governance deutlich verbessern.

11. Zwar liegt die Verantwortung für die Verbesserung des rechtlichen und institutionellen Regulierungsrahmens primär beim Staat, doch sprechen auch gewichtige wirtschaftliche Gründe dafür, dass die Unternehmen gute Corporate-Governance-Praktiken umsetzen.

12. Die verschiedenen Aspekte unternehmerischen Handelns und die Beziehungen zwischen den Unternehmen und der Gesellschaft insgesamt sind Gegenstand eines immer dichter werdenden Netzes nichtstaatlicher Selbstregulierungsinstrumente und -maßnahmen. Interessante Entwicklungen in dieser Hinsicht vollziehen sich derzeit im Finanzsektor. Die Unternehmen erkennen an, dass ihre Aktivitäten häufig soziale und ökologische Konsequenzen haben. Das findet seinen Ausdruck darin, dass die Unternehmen, die an der Erreichung der betreffenden Ziele interessiert sind und damit zur nachhaltigen Entwicklung beitragen, entsprechende Selbstregulierungspraktiken und Managementsysteme einführen und an diesbezüglichen Multi-Stakeholder-Initiativen teilnehmen. Diese Selbstregulierungspraktiken und Multi-Stakeholder-Initiativen sollten glaubwürdig und transparent sein. Initiativen, deren Schwerpunkt auf der Erfüllung der Sorgfaltspflicht in Bezug auf verantwortungsvolles unternehmerisches Handeln liegt, können an Wirksamkeit gewinnen, wenn sie mit einschlägigen internationalen Standards wie den *Leitsätzen* im Einklang stehen. Gleichzeitig können Komplexität und Kosten für die beteiligten Unternehmen dadurch verringert werden. Die Konzipierung solcher Praktiken kann ihrerseits konstruktive Beziehungen zwischen Unternehmen und Gesellschaft im Gastland fördern. Auch wenn es die Möglichkeit gibt, auf Branchen- oder Multi-Stakeholder-Ebene zusammenzuarbeiten, bleibt jedes Unternehmen für die effektive Einhaltung seiner Sorgfaltspflicht selbst verantwortlich.

13. Damit die Selbstregulierungspraktiken Wirksamkeit entfalten können, wird von den Unternehmen natürlich erwartet, dass sie die Kenntnis der Unternehmenspolitik auch unter ihren Beschäftigten fördern. Empfohlen werden ferner auch Schutzmaßnahmen für hinweisgebende Personen, die in gutem Glauben Fehlverhalten melden, und insbesondere für Beschäftigte, die bei Ausbleiben zeitnaher Abhilfemaßnahmen oder trotz eines plausiblen Risikos negativer Reaktionen des Arbeitgebers den staatlichen Stellen Verstöße gegen geltende Bestimmungen mitteilen. Besonders bedeutsam sind derartige Schutzmaßnahmen zum einen für die in Kapitel VII erörterten internen Kontrollmechanismen sowie Ethik- und Compliance-Programme im Zusammenhang mit der Korruptionsbekämpfung und zum anderen für Umweltinitiativen, allerdings betreffen sie auch die übrigen Empfehlungen der *Leitsätze*.

14. Die Unternehmen sollten einen Raum schaffen, in dem Bedenken hinsichtlich negativer Effekte im Zusammenhang mit ihren Aktivitäten oder mit den Aktivitäten von Einheiten, mit denen sie eine Geschäftsbeziehung unterhalten, sicher geäußert werden können. Auf Repressalien zu verzichten und Maßnahmen zu ergreifen, um den Einsatz von Repressalien zu verhindern, ist wichtig, um zivilgesellschaftliche Handlungsspielräume zu schützen und Schaden von Gruppen und Einzelnen abzuwenden, die entsprechende Bedenken untersuchen, äußern oder melden bzw. die dies anstreben. Repressalien sind u. a. Vergeltungs- oder Diskriminierungsmaßnahmen, die Kritiker*innen zensieren, einschüchtern, schädigen oder zum Schweigen bringen sollen. Sie können unterschiedliche Formen annehmen, wie z. B. Drohungen, Verleumdungen, Verunglimpfungen, Belästigung, Einschüchterung, Überwachung, strategische Klagen gegen öffentliche Beteiligung, versuchte Kriminalisierung rechtmäßiger Tätigkeiten, physische Angriffe und Tötungen.

15. Im Sinne der *Leitsätze* wird unter Due Diligence der Prozess zur Erfüllung der Sorgfaltspflicht verstanden, der es den Unternehmen erlaubt, die von ihnen ausgehenden tatsächlichen und potenziellen negativen Effekte zu ermitteln, zu verhüten und zu mindern sowie Rechenschaft darüber abzulegen, wie sie diesen Effekten grundsätzlich im Rahmen ihrer Entscheidungsfindungs- und Risikomanagementsysteme begegnen. Der *OECD-Leitfaden für die Erfüllung der Sorgfaltspflicht für verantwortungsvolles unternehmerisches Handeln* und die sektorspezifischen Sorgfaltsgrundsätze der OECD helfen den Unternehmen, die Due-Diligence-Empfehlungen der *Leitsätze* zu verstehen und umzusetzen. Sie sollen zudem ein gemeinsames Verständnis von risikoabhängiger Due Diligence für verantwortungsvolles unternehmerisches Handeln unter Regierungen und Stakeholdern fördern. Zu diesem Zweck beschreibt der *OECD-Leitfaden für die Erfüllung der Sorgfaltspflicht für verantwortungsvolles unternehmerisches Handeln* einen Due-Diligence-Rahmen, zu dessen aktiver Unterstützung und Überwachung sich die Regierungen verpflichtet haben. In diesem werden die folgenden Maßnahmen umrissen: 1. verantwortungsvolles unternehmerisches Handeln in Strategien und Managementsystemen verankern; 2. tatsächliche und potenzielle negative Effekte im Zusammenhang mit Geschäftstätigkeiten, Produkten oder Dienstleistungen des Unternehmens bestimmen und bewerten; 3. negative Effekte beseitigen, vermeiden und mindern; 4. Umsetzung und Ergebnisse nachverfolgen; 5. Umgang mit Effekten kommunizieren; 6. gegebenenfalls Wiedergutmachung leisten oder dabei kooperieren. Außerdem enthält er konkrete Vorschläge für die Umsetzung dieser Maßnahmen. Nicht jede im Leitfaden beschriebene praktische Maßnahme ist für jede Situation angemessen.

16. Due-Diligence-Vorkehrungen können in allgemeinere Systeme für Unternehmensrisikomanagement integriert werden, sofern sie über die einfache Identifizierung und Steuerung wesentlicher Risiken für das Unternehmen selbst hinausgehen und auch die Risiken negativer Effekte abdecken, die sich im Zusammenhang mit in den *Leitsätzen* behandelten Themen ergeben. Potenziellen Effekten soll durch Vermeidung oder Minderung begegnet werden, wohingegen bei tatsächlich eingetretenen Effekten Wiedergutmachung zu leisten ist. Die *Leitsätze* betreffen jene negativen Effekte, die entweder von dem Unternehmen verursacht wurden bzw. mit dessen Beteiligung entstanden sind oder die aufgrund einer Geschäftsbeziehung unmittelbar mit der Geschäftstätigkeit, den Produkten oder Dienstleistungen des Unternehmens verbunden sind, wie in den Ziffern 12 und 13 des Abschnitts A beschrieben. Due-Diligence-Vorkehrungen können Unternehmen dabei helfen, den mit derartigen negativen Effekten einhergehenden Risiken vorzubeugen. Im Sinne dieser Empfehlung sollte die Formulierung „zu einem negativen Effekt beitragen" so ausgelegt werden, dass sie sich auf einen wesentlichen Beitrag bezieht, mit anderen Worten auf eine Aktivität, die eine andere Einheit dazu veranlasst, es ihr erleichtert oder ihr Anreize bietet, einen negativen Effekt zu verursachen, wobei kleinere oder unbedeutende Beiträge unberücksichtigt bleiben. Die Beziehung eines Unternehmens zu negativen Effekten ist nicht statisch. Sie kann sich z. B. dann wandeln, wenn sich die Lage verändert oder wenn Due Diligence und Maßnahmen, mit denen festgestellten Risiken und negativen Effekten entgegengewirkt werden soll, die Eintrittswahrscheinlichkeit von Effekten senken.

17. Der Begriff „Geschäftsbeziehungen" umfasst die Beziehungen eines Unternehmens zu Geschäftspartnern, Unterauftragnehmern, Franchise-Nehmern, Unternehmen, in die es investiert hat, Kunden oder auch Joint-Venture-Partnern. Auch Einheiten in der Lieferkette des Unternehmens, die mit ihren Produkten oder Dienstleistungen zu den Geschäftstätigkeiten, Produkten und Dienstleistungen des Unternehmens beitragen oder die Produkte oder Dienstleistungen des Unternehmens nutzen, erhalten, kaufen oder eine Lizenz für diese erwerben, sind Teil von Geschäftsbeziehungen, ebenso wie andere nichtstaatliche oder staatliche Einheiten, die direkt mit der Geschäftstätigkeit, den Produkten oder Dienstleistungen des Unternehmens verbunden sind. Die Beziehungen zu einzelnen Verbraucher*innen – natürliche Personen, deren Handlungen nicht im Zusammenhang mit einer geschäftlichen, gewerblichen oder staatlichen Tätigkeit stehen – werden im Sinne der *Leitsätze* grundsätzlich nicht als „Geschäftsbeziehungen" betrachtet, auch wenn ein Unternehmen zu von Verbraucher*innen verursachten negativen Effekten beitragen kann. Geschäftsbeziehungen gehen aber über Beziehungen zu Vertragspartnern, Tier-1-Lieferanten und andere unmittelbare Geschäftsverbindungen hinaus. Der Ort oder Ausgangspunkt der Geschäftstätigkeit einer Einheit, zu der ein Unternehmen eine Geschäftsbeziehung unterhält, kann auch außerhalb eines Teilnehmerstaats liegen. Inwiefern ein Unternehmen in der Lage ist, tatsächliche und potenzielle negative Effekte zu ermitteln, zu verhüten und zu mindern, wie in Ziffer 11 des Abschnitts A dargelegt, kann je nach Art der Geschäftsbeziehung sowie aufgrund von anderen Faktoren – wie beispielsweise in Ziffer 24 der Erläuterungen beschrieben – variieren.

18. Die Empfehlung in Ziffer 11 des Abschnitts A ist anwendbar bei Zusammenhängen zwischen Angelegenheiten, die unter die *Leitsätze* fallen, und negativen Effekten, die mit den Geschäftstätigkeiten, Produkten und Dienstleistungen eines Unternehmens verbunden sind. Sie gilt nicht für die Kapitel zu Wettbewerb und Besteuerung. Die in den *Leitsätzen* enthaltenen Empfehlungen zur Sorgfaltspflicht sind im Einklang mit den Ziffern 11 bis 13 des Abschnitts A und den entsprechenden Erläuterungen zu verstehen.

19. Art und Umfang der Due-Diligence-Vorkehrungen, wie z. B. die spezifischen Schritte, die es in einer bestimmten Situation zu ergreifen gilt, werden von Faktoren wie dem Kontext der Geschäftstätigkeiten eines Unternehmens und den spezifischen Empfehlungen in den *Leitsätzen* beeinflusst; sie sollten zur Größe des Unternehmens, zu seinem Beitrag zum negativen Effekt sowie zur Stärke des negativen Effekts in einem angemessenen Verhältnis stehen. In dieser Hinsicht sollten die Maßnahmen, die ein Unternehmen zur Erfüllung seiner Sorgfaltspflicht ergreift, risikoabhängig, der Schwere und Wahrscheinlichkeit des negativen Effekts angemessen sowie geeignet und im jeweiligen Kontext verhältnismäßig sein. Wann immer es nicht praktikabel ist, allen festgestellten Effekten sofort und gleichzeitig zu begegnen, sollte das Unternehmen die Reihenfolge der zu ergreifenden Maßnahmen abhängig von der Schwere und Wahrscheinlichkeit des negativen Effekts priorisieren.

20. Die *Leitsätze* erkennen an, dass es den meisten Unternehmen u. U. nicht möglich ist, jede einzelne Einheit, mit der sie eine Geschäftsbeziehung haben, zu prüfen oder einen konstruktiven Dialog mit ihr zu führen. In Fällen, in denen Unternehmen zahlreiche Zulieferer und andere Geschäftsbeziehungen haben, werden sie dazu angehalten, allgemeine Bereiche zu identifizieren, in denen das Risiko negativer Effekte am größten ist, und auf der Grundlage dieser Risikoeinschätzung diese Bereiche im Einklang mit den in Ziffer 19 der Erläuterungen beschriebenen Maßnahmen für eine Due-Diligence-Prüfung zu priorisieren. Risikoabhängige Due-Diligence-Prüfungen in Bezug auf Produkte oder Dienstleistungen eines Unternehmens sollten bekannte oder vernünftigerweise vorhersehbare Umstände berücksichtigen, die mit der sachgemäßen oder vernünftigerweise vorhersehbaren unsachgemäßen bzw. missbräuchlichen Verwendung des Produkts oder Dienstleistungsangebots zusammenhängen und zu negativen Effekten führen können. Spezifische Empfehlungen für die Erfüllung der Sorgfaltspflicht im Zusammenhang mit bestimmten Themen finden sich in den entsprechenden Kapiteln.

21. In Fällen, in denen ein Unternehmen negative Effekte verursacht oder verursachen kann, sollte es die notwendigen Schritte in die Wege leiten, um diese Effekte zu beenden oder zu verhüten.

22. Wann immer ein Unternehmen zu einem negativen Effekt beiträgt oder Gefahr läuft, dies zu tun, sollte es die notwendigen Schritte in die Wege leiten, um diesen Beitrag zu beenden bzw. zu verhüten, und seinen Einfluss nutzen, um etwaige noch verbleibende Effekte so weit wie irgend möglich zu mindern. Von der Existenz einer Einflussmöglichkeit wird ausgegangen, wenn das Unternehmen über die Fähigkeit verfügt, in den unrechtmäßigen Aktivitäten des Schadenverursachers einen Wandel herbeizuführen.

23. Die *Leitsätze* erkennen an, dass die Verantwortung nicht von dem Verursacher eines negativen Effekts auf das Unternehmen übertragen werden sollte, mit dem der Verursacher eine Geschäftsbeziehung unterhält. In diesem Sinne ist ein Unternehmen, das über eine Geschäftsbeziehung unmittelbar mit dem negativen Effekt verbunden ist, aber diesen nicht verursacht oder zu diesem beiträgt, nicht dafür verantwortlich, Wiedergutmachung zu leisten. Die Rolle, die es hierbei trotzdem spielen kann, beschränkt sich eher darauf, allein oder zusammen mit anderen Einheiten Einflussmöglichkeiten zu nutzen, um auf die Einheit, die den negativen Effekt verursacht, einzuwirken, damit sie diesen Effekt verhindert, mindert oder wiedergutmacht. Falls das Unternehmen nicht über ausreichende Einflussmöglichkeiten verfügt, sollte es darüber nachdenken, wie sich diese ausweiten lassen. Neben einer Reihe von weiteren Optionen haben die Unternehmen die folgenden Möglichkeiten, um ihren Einfluss auf Einheiten, mit denen sie eine Geschäftsbeziehung unterhalten, zu nutzen oder zu erhöhen: Unterstützung, Schulungen und Kapazitätsaufbau anbieten; die Einheiten im Rahmen eines Dialogs zur Vermeidung und/oder Minderung negativer Effekte auffordern; Erwartungen rund um verantwortungsvolles unternehmerisches Handeln und speziell Due Diligence in Managementverträge, die Anforderungen bei der Vorauswahl potenzieller Zulieferer, in Voting-Trust-, Lizenz-, Franchise-Vereinbarungen und andere Geschäftsverträge aufnehmen; geschäftliche Anreize mit Leistungen in Bezug auf verantwortungsvolles unternehmerisches Handeln verknüpfen; mit den Aufsichtsbehörden und Politikverantwortlichen zu Fragen verantwortungsvollen unternehmerischen Handelns zusammenarbeiten; kommunizieren, dass Geschäftsbeziehungen abgebrochen werden können, wenn die Erwartungen im Hinblick auf verantwortungsvolles unternehmerisches Handeln nicht respektiert werden; mit anderen Unternehmen zusammenarbeiten (auf Sektor-, Risiko- oder Länderebene), um Einflussmöglichkeiten zu bündeln; gemeinsame Standards für verantwortungsvolles unternehmerisches Handeln umsetzen. Zu den sonstigen Faktoren, die für die Ermittlung der angemessenen Reaktion auf identifizierte Risiken von Bedeutung sind, zählen die Stärke und Eintrittswahrscheinlichkeit negativer Effekte ebenso wie die Frage, wie wichtig der betreffende Zulieferer für das Unternehmen ist.

24. Wie in den *Leitsätzen* eingeräumt wird, sind den Einflussmöglichkeiten, die die Unternehmen haben oder schaffen können, um Verhaltensänderungen bei den Einheiten zu bewirken, mit denen sie Geschäftsbeziehungen unterhalten, in der Praxis Grenzen gesetzt. Diese hängen mit produkt- bzw. dienstleistungsspezifischen Merkmalen, der Zahl der Zulieferer und sonstigen Geschäftsbeziehungen, der Struktur und Komplexität der Lieferkette und der Art der betreffenden Geschäftsbeziehung oder des betreffenden negativen Effekts zusammen. So verfügen die Unternehmen in bestimmten Situationen, wenn eine Dienstleistung erst einmal erbracht oder ein Produkt verkauft oder weiterverkauft wurde, möglicherweise nur noch über eingeschränkte Möglichkeiten, Auswirkungen zu beobachten oder ihren Einfluss geltend zu machen bzw. auszuweiten. In solchen Situationen ist es u. U. besonders wichtig, sich bereits vor und bei dem Verkauf darum zu bemühen, tatsächliche und potenzielle Effekte zu erkennen und Maßnahmen zu ihrer Verhütung oder Minderung zu ergreifen.

25. Während die Bemühungen zur Risikominderung im Gang sind, kommen als angemessene Reaktion im Hinblick auf die Geschäftsbeziehung sowohl deren Fortsetzung als auch ihre vorübergehende Aussetzung infrage. Wenn alle Versuche der Risikominderung gescheitert sind, das Unternehmen eine Minderung für nicht machbar erachtet oder die negativen Effekte sehr schwerwiegend sind, ist als letztes Mittel auch ein Abbruch der Geschäftsbeziehung denkbar. Wenn es den Unternehmen möglich ist, die Beziehung aufrechtzuerhalten und darzustellen, dass realistischerweise die Aussicht auf Besserung besteht oder sich die Lage im Lauf der Zeit tatsächlich verbessert, wird dies in vielen Fällen dem Abbruch der Geschäftsbeziehung vorzuziehen sein. Das Unternehmen sollte auch berücksichtigen, welche negativen sozialen, ökologischen und wirtschaftlichen Folgen möglicherweise mit einem Abbruch einhergehen würden. Bei einer Entscheidung für den Abbruch einer Geschäftsbeziehung sollten die Unter-

nehmen verantwortungsvoll vorgehen, indem sie beispielsweise zeitnah konstruktive Konsultationen mit betroffenen Akteuren anstreben und wo möglich angemessene und geeignete Maßnahmen ergreifen, um negative Effekte im Zusammenhang mit dem Abbruch der Geschäftsbeziehung zu verhindern oder zu mindern.

26. Die Unternehmen können auch mit den Zulieferern und anderen Einheiten, mit denen sie Geschäftsbeziehungen unterhalten, zusammenarbeiten, um gemeinsam mit anderen Akteuren deren Leistung u. a. durch Personalschulungen und sonstige Formen des Kapazitätsaufbaus zu verbessern und um die Einbeziehung von mit den *Leitsätzen* in Einklang stehenden Grundsätzen für verantwortungsvolles unternehmerisches Handeln in ihre Geschäftspraktiken zu unterstützen. Diese Zusammenarbeit und Unterstützung ist besonders wichtig bei Geschäftsbeziehungen zu kleinen und mittleren Unternehmen. In Fällen, in denen Einheiten, mit denen die Unternehmen eine Geschäftsbeziehung unterhalten, sich potenziell widersprüchlichen Anforderungen beispielsweise seitens ihrer verschiedenen Kunden oder Dienstleister gegenübersehen, werden die Unternehmen dazu angehalten, sich unter gebührender Berücksichtigung von Fragen der Wettbewerbsbehinderung an branchenweiten Bemühungen mit anderen Unternehmen zu beteiligen, um u. a. im Rahmen eines Informationsaustauschs die Maßnahmen und Risikomanagementstrategien zur Erfüllung der Sorgfaltspflicht zu koordinieren.

27. Ferner werden die Unternehmen dazu angehalten, an Privat- oder Multi-Stakeholder-Initiativen sowie am gesellschaftlichen Dialog über verantwortungsvolles unternehmerisches Handeln teilzunehmen, z. B. an Initiativen, die gemäß dem *OECD-Ratsbeschluss zu den OECD-Leitsätzen für multinationale Unternehmen zu verantwortungsvollem unternehmerischem Handeln* und den im Anhang zu diesem Beschluss enthaltenen Verfahrensregelungen in die Wege geleitet wurden.

28. Konstruktiver Dialog mit Stakeholdern ist eine Schlüsselkomponente des Due-Diligence-Prozesses. In manchen Fällen ist die Stakeholderbeteiligung u. U. selbst rechtlich vorgeschrieben. Der Dialog mit Stakeholdern beinhaltet interaktive Prozesse der Zusammenarbeit mit wichtigen Akteuren, die beispielsweise in Form von Gesprächsterminen, Anhörungen oder Konsultationsverfahren erfolgen können. Personen oder Gruppen bzw. ihre rechtmäßigen Vertreter*innen zählen in diesem Zusammenhang dann zu den relevanten Akteuren, wenn sie Rechte oder Interessen im Zusammenhang mit in diesen *Leitsätzen* behandelten Themen haben und diese Rechte oder Interessen von den mit den Geschäftstätigkeiten, Produkten und Dienstleistungen des Unternehmens verbundenen negativen Effekten betroffen sind oder sein könnten. Unternehmen können die Stakeholder, die am schwersten betroffen sind bzw. sein könnten, für den Dialog priorisieren. Die Stärke des negativen Effekts auf Stakeholder kann die Intensität des Dialogs bestimmen. Konstruktiver Dialog mit Stakeholdern bezeichnet einen anhaltenden und auf Gegenseitigkeit beruhenden Dialog mit den betroffenen Akteuren, der von allen Beteiligten nach dem Grundsatz von Treu und Glauben geführt wird und den Standpunkten der Akteure Rechnung trägt. Um eine konstruktive und effektive Stakeholderbeteiligung zu gewährleisten, ist es wichtig sicherzustellen, dass sie zeitgerecht erfolgt und für die Beteiligten zugänglich, angemessen und sicher ist. Potenzielle Barrieren für die Einbindung vulnerabler oder sozial ausgegrenzter Beteiligter sollten erkannt und beseitigt werden. Der *OECD-Leitfaden für die Erfüllung der Sorgfaltspflicht für verantwortungsvolles unternehmerisches Handeln* und die einschlägigen sektorspezifischen Sorgfaltsgrundsätze der OECD umfassen praktische Hilfen für die Unternehmen zur Durchführung der Stakeholderbeteiligung, u. a. im Rahmen ihrer Due-Diligence-Prozesse. Diese Beteiligung ist bei der Planung und Entscheidungsfindung im Rahmen von Projekten oder anderen Aktivitäten, bei denen es beispielsweise um die intensive Nutzung von Land oder Wasser geht und die für die örtliche Bevölkerung erhebliche Folgen haben könnten, besonders wichtig.

29. Wichtig ist schließlich die Feststellung, dass Formen der Selbstregulierung und ähnliche Initiativen, einschließlich der *Leitsätze*, weder den Wettbewerb auf rechtswidrige Weise einschränken noch als Ersatz für wirksame staatliche Gesetze und Regulierungen betrachtet werden dürfen. Es besteht Einvernehmen darüber, dass multinationale Unternehmen bei der Konzipierung von Kodizes oder Selbstregulierungspraktiken alle den Handel oder die Investitionen potenziell verzerrenden Effekte vermeiden sollten.

III. Offenlegung von Informationen

1. Die Unternehmen sollten in den Ländern und Wirtschaftssektoren, in denen sie tätig sind, der erklärten Politik Rechnung tragen und auch die Positionen und Informationsanforderungen der Aktionäre und der anderen beteiligten Akteure berücksichtigen. Sie sollten in regelmäßigen Abständen aktuelle, verlässliche, klare, vollständige, korrekte, vergleichbare und hinreichend detaillierte Informationen über alle wesentlichen Angelegenheiten veröffentlichen. Diese Informationen sollten das Gesamtunternehmen abdecken und gegebenenfalls nach Geschäftsbereichen oder geographischen Gebieten aufgeschlüsselt sein. Die Offenlegungspolitik sollte an Art, Größe und Standort des betreffenden Unternehmens angepasst sein, unter gebührender Berücksichtigung von Kosten, Vertraulichkeitserfordernissen und sonstigen Wettbewerbserwägungen.

2. Die Offenlegungspolitik der Unternehmen sollte vorsehen, mindestens zu folgenden Punkten wesentliche Informationen zu veröffentlichen:

a) Finanz- und Betriebsergebnisse des Unternehmens

b) Unternehmensziele und Informationen zur Nachhaltigkeit

c) Beteiligungsstrukturen, Gruppenstrukturen und ihre Kontrollmechanismen

d) wichtige Kapitalbeteiligungen, einschließlich wirtschaftlich Berechtigter, sowie Stimmrechte

e) Informationen über die Zusammensetzung des Boards und über seine Mitglieder, ihre Qualifikationen, das Bestellungsverfahren, eine etwaige Mitgliedschaft im Board anderer Unternehmen sowie Angaben darüber, ob die einzelnen Board-Mitglieder vom Board als unabhängig eingestuft werden

f) Vergütung der Board-Mitglieder und der Geschäftsführung

g) Geschäftsvorfälle mit nahestehenden Unternehmen oder Personen

h) vorhersehbare Risikofaktoren

i) Corporate-Governance-Strukturen und -Politik, einschließlich Angaben zum Grad der Einhaltung der inländischen Corporate-Governance-Kodizes oder -Strategien sowie den entsprechenden Umsetzungsverfahren

j) Schuldverträge, einschließlich des Risikos der Nichteinhaltung von Covenants

3. Es ist außerdem wichtig, dass die Unternehmen Informationen über verantwortungsvolles unternehmerisches Handeln kommunizieren, u. a. im Rahmen ihrer Verpflichtung, ihre Sorgfaltspflicht zu erfüllen. Einige dieser Angaben können auch nach Ziffer 2 wesentlich sein. Die Informationen über verantwortungsvolles unternehmerisches Handeln können u. a. folgende Punkte umfassen:

a) für die Öffentlichkeit bestimmte Erklärungen über Wertgrundsätze bzw. unternehmerische Verhaltensregeln, u. a. Strategien in Bezug auf Fragen verantwortungsvollen unternehmerischen Handelns, die die Verpflichtung des Unternehmens zu den in den *Leitsätzen* enthaltenen Grundsätzen und Standards zum Ausdruck bringen, und die Pläne des Unternehmens für die Umsetzung seiner Sorgfaltspflichten

b) Richtlinien und andere Verhaltenskodizes, zu denen sich das Unternehmen bekennt, das Datum ihrer Annahme sowie die Länder und die Einheiten, für die derartige Erklärungen gelten

c) Informationen über Maßnahmen zur Verankerung der Strategien in Bezug auf Fragen verantwortungsvollen unternehmerischen Handelns in den Leitungs- und Aufsichtsorganen des Unternehmens

d) die vom Unternehmen identifizierten Bereiche mit erheblichen Effekten oder Risiken, die festgestellten, priorisierten und bewerteten negativen Effekte und Risiken sowie die Kriterien für die Priorisierung

e) die vom Unternehmen im Hinblick auf die Erklärungen in Ziffer 3 Buchstabe a und die Kodizes in Buchstabe b erzielten Ergebnisse, inkl. der Maßnahmen, die ergriffen wurden, um die in Ziffer 3 Buchstabe c und d genannten Risiken bzw. Effekte zu vermeiden oder zu mindern, soweit möglich einschließlich der geschätzten Zeitpläne und Vergleichsmaßstäbe für Verbesserungen sowie deren Ergebnisse, u. a. die durch das Unternehmen bzw. mit seiner Beteiligung bereitgestellten Wiedergutmachungen

f) Informationen über Systeme für die Innenrevision, das Risikomanagement und die Einhaltung gesetzlicher Bestimmungen

g) Informationen über die Beziehungen zu den Beschäftigten und anderen Stakeholdern

h) zusätzliche Informationen im Einklang mit den Empfehlungen der Kapitel IV und VI zur Offenlegung von Informationen über verantwortungsvolles unternehmerisches Handeln

4. Die Unternehmen sollten die Informationen gemäß international anerkannten Rechnungslegungs- und Offenlegungsstandards aufbereiten und veröffentlichen und von der Veröffentlichung unzureichender oder unklarer Informationen absehen. Alljährlich sollte von einem unabhängigen, kompetenten und qualifizierten Prüfer eine Jahresabschlussprüfung nach international anerkannten und ethischen Prüfungsstandards sowie Normen für die Unabhängigkeit der Abschlussprüfer durchgeführt werden, um dem Board und den Aktionären hinreichende Sicherheit zu bieten, dass der Jahresabschluss in allen wesentlichen Aspekten gemäß einem geltenden Rechnungslegungsrahmen erstellt wurde. Um die Glaubwürdigkeit der Informationen über verantwortungsvolles unternehmerisches Handeln zu erhöhen, können die Unternehmen eine externe Überprüfung dieser Informationen veranlassen.

Erläuterungen zu Kapitel III: Offenlegung

30. Dieses Kapitel soll zu Transparenz und Rechenschaftspflicht im Zusammenhang mit der Geschäftstätigkeit multinationaler Unternehmen beitragen. Verständliche und vollständige Informationen über die Unternehmen sind für verschiedenste Nutzerkreise wichtig, von den Aktionären, potenziellen Investoren und den Finanzinstituten bis hin zu anderen Akteuren wie Beschäftigten, der örtlichen Bevölkerung, speziellen Interessengruppen, staatlichen Stellen und der Gesellschaft als Ganzes. Um die Öffentlichkeit besser über die Strukturen und Aktivitäten der Unternehmen, ihre Politik und über ihre Ergebnisse in den Bereichen Umwelt, Soziales und Governance zu unterrichten, sollten die Unternehmen ihre Geschäftstätigkeit transparent gestalten und dem wachsenden Informationsbedarf der Öffentlichkeit entgegenkommen.

31. Der erste Komplex von Empfehlungen hinsichtlich der Offenlegung von Informationen findet sich auch in den *G20/OECD Principles of Corporate Governance* [OECD/LEGAL/0413]. Dort wurden sie um Kommentare ergänzt, die weitere Anleitungen liefern und als Bezugspunkt für die Auslegung der in den *Leitsätzen* enthaltenen Empfehlungen dienen sollten. Dieser erste Komplex von Empfehlungen betrifft in erster Linie börsennotierte Unternehmen und deckt deren wesentliche Angelegenheiten ab. Als wesentlich sind Informationen zu betrachten, wenn vernünftigerweise davon ausgegangen werden kann, dass ihre

Auslassung oder falsche Darstellung die von den Investoren vorgenommene Beurteilung des Unternehmenswerts beeinflusst. In der Regel gehören dazu u. a. der Betrag, der zeitliche Anfall und die Sicherheit der künftigen Cashflows eines Unternehmens. Eine Definition wesentlicher Informationen kann auch darauf abstellen, ob die Angaben für einen rational handelnden Anleger ein wichtiges Kriterium bei Anlage- oder Abstimmungsentscheidungen darstellen. Auch für nicht börsennotierte Unternehmen, wie beispielsweise geschlossene Kapitalgesellschaften oder staatseigene Unternehmen, können sich diese Empfehlungen als ein nützliches Instrument zur Verbesserung der Corporate-Governance-Strukturen erweisen, soweit sie in Anbetracht der Art, der Größe und der Standorte des betreffenden Unternehmens anwendbar sind. In diesem Komplex von Empfehlungen wird die regelmäßige Veröffentlichung von aktuellen, verlässlichen, klaren, vollständigen, korrekten, vergleichbaren und hinreichend detaillierten Informationen über alle wesentlichen Angelegenheiten gefordert, die das Unternehmen betreffen, namentlich zu Finanzlage, Betriebsergebnissen, Nachhaltigkeit, Eigentumsverhältnissen und Corporate-Governance-Struktur. Informationen über die Vergütungen der Board-Mitglieder und der Geschäftsführung spielen für die Aktionäre ebenfalls eine Rolle, insbesondere der Zusammenhang zwischen Vergütung und Erfolg, Nachhaltigkeit und Resilienz des Unternehmens auf lange Sicht. Von den Unternehmen wird auch erwartet, dass sie zeitnah standardisierte und vergleichbare Informationen zur Verfügung stellen – u. a. über wesentliche Veränderungen der Vergütungen der Board-Mitglieder und der Geschäftsführung sowie über die Vergütungsniveaus oder -beträge –, die es den Anlegern erlauben, Kosten und Nutzen der Vergütungssysteme sowie den Beitrag, den Aktienoptionspläne und andere Anreizsysteme zu den Ergebnissen leisten, zu beurteilen. Wesentliche Geschäftsvorfälle mit nahestehenden Unternehmen und Personen sowie absehbare Risikofaktoren sind weitere einschlägige Informationen, die offengelegt werden sollten.

32. Die *Leitsätze* umfassen einen zweiten Komplex von Empfehlungen hinsichtlich der Offenlegung von Informationen zu verantwortungsvollem unternehmerischem Handeln. In ihm geht es u. a. um die tatsächlichen oder potenziellen negativen Auswirkungen des Unternehmens auf Menschen, Umwelt und Gesellschaft sowie die damit zusammenhängenden Due-Diligence-Vorkehrungen. Auch diese Informationen können für die Entscheidungsfindung eines Investors wesentlich und u. U. auch für ein breiteres Spektrum von beteiligten Akteuren wichtig sein, beispielsweise für Arbeitskräfte, Arbeitnehmervertreter*innen, die lokale Bevölkerung und die Zivilgesellschaft. Im Kontext der Offenlegung von Informationen können die in Ziffer 3 beschriebenen Due-Diligence-Vorkehrungen für die Unternehmen nützlich sein, um sicherzustellen, dass sie konsequent und glaubwürdig die einschlägigen Informationen über verantwortungsvolles unternehmerisches Handeln effektiv erkennen und kommunizieren, inkl. möglicherweise wesentlicher Informationen. Auf diese Weise können Unternehmen durch die Erfüllung ihrer Sorgfaltspflicht wesentliche Risiken und Auswirkungen besser erkennen und die Relevanz, Qualität und Vergleichbarkeit der gemäß den Ziffern 2 und 3 offengelegten Informationen steigern. Außerdem können Due-Diligence-Vorkehrungen ein Mittel sein, um eine glaubwürdige Berichterstattung über die Umsetzung von Unternehmenszielen und -verpflichtungen sicherzustellen, deren Erfüllung möglicherweise nicht klar feststellbar oder messbar ist. In mehreren Staaten ist die Berücksichtigung von Stakeholderinteressen gestattet oder vorgeschrieben und viele Unternehmen veröffentlichen Informationen zu Themen, die über die Finanzergebnisse hinausgehen, um ihr Engagement für sowie ihre Leistungen in Bezug auf eine verantwortungsvolle Geschäftsausübung im Allgemeinen darstellen zu können. Diese zweite Art der Offenlegung bzw. der Kommunikation mit der Öffentlichkeit und den unmittelbar von der Geschäftstätigkeit oder den Geschäftsbeziehungen des Unternehmens betroffenen Parteien kann sich auch auf Einheiten beziehen, die nicht im Jahresabschluss des Unternehmens erfasst sind. Sie kann z. B. auch Informationen zu den Tätigkeiten von Unterauftragnehmern, Lieferanten, Joint-Venture-Partnern oder anderen umfassen, mit denen das Unternehmen eine Geschäftsbeziehung unterhält.

33. Die beiden in Ziffer 2 und 3 enthaltenen Komplexe von Empfehlungen hinsichtlich der Offenlegung von Informationen greifen ineinander und einige Informationen können für beide von Bedeutung sein. Als Kriterium bei der Entscheidung, welche Informationen nach Ziffer 2 offengelegt werden sollten, wird bei

den *Leitsätzen* das Konzept der Wesentlichkeit verwendet. Die Informationen nach Ziffer 2, einschließlich derjenigen, die sich auf Fragen des verantwortungsvollen unternehmerischen Handelns und der Erfüllung der Sorgfaltspflicht beziehen, könnten ebenfalls als wesentlich betrachtet werden, wenn vernünftigerweise davon ausgegangen werden kann, dass ihre Auslassung oder falsche Darstellung beeinflusst, wie Investoren den Unternehmenswert sowie den zeitlichen Anfall und die Sicherheit der künftigen Cashflows eines Unternehmens beurteilen, welche Anlageentscheidungen sie treffen oder wie sie von ihrem Stimmrecht Gebrauch machen. Die Feststellung, welche Informationen wesentlich sind, kann sich im Laufe der Zeit und je nach dem lokalen Kontext, den unternehmensspezifischen Umständen und den Auflagen des jeweiligen Staates verändern. Die Nutzer der Finanzinformationen wie auch die Marktteilnehmer benötigen Informationen über vernünftigerweise vorhersehbare wesentliche Risiken; dazu zählen u. a. spezifische Risiken der Branchen oder Regionen, in denen das Unternehmen tätig ist, die Abhängigkeit von bestimmten Rohstoffen und Lieferketten, Finanzmarktrisiken einschließlich Zins- oder Währungsrisiken, Risiken im Zusammenhang mit Derivaten und nicht bilanzwirksamen Transaktionen, Risiken im Zusammenhang mit dem Geschäftsverhalten, Sicherheitsrisiken im Digitalbereich, regulatorische Risiken sowie Nachhaltigkeitsrisiken, insbesondere klimabezogene Risiken. In einigen Staaten gelten u. U. auch Vorgaben oder Empfehlungen in Bezug auf die Offenlegung von Informationen zu Nachhaltigkeitsbelangen, die für die Unternehmensbeschäftigten und andere zentrale Stakeholder entscheidend sind, oder zum Einfluss eines Unternehmens auf Risiken, die sich nicht diversifizieren lassen.

34. Die nach Ziffer 3 veröffentlichten Informationen zu Risiken und Auswirkungen, die finanziell nicht wesentlich erscheinen, aber die für die Menschen und den Planeten wichtig sind, können zu einem späteren Zeitpunkt für ein Unternehmen finanziell wesentlich werden.

35. Die Empfehlungen hinsichtlich der Offenlegung von Informationen in diesem Kapitel und im gesamten Text dieser *Leitsätze* sollten den Unternehmen keine übermäßige administrative oder finanzielle Belastung aufbürden. Von den Unternehmen sollte ferner auch nicht erwartet werden, dass sie Informationen veröffentlichen, die ihre Wettbewerbsposition gefährden könnten, es sei denn, die betreffenden Informationen sind unerlässlich, um Investoren eine vollständige Entscheidungsgrundlage zu liefern und sie nicht zu täuschen.

36. Die Informationen sollten gemäß international anerkannten Rechnungslegungs- und Offenlegungsstandards aufbereitet und veröffentlicht werden. Alljährlich sollte von einem unabhängigen, kompetenten und qualifizierten Prüfer eine Jahresabschlussprüfung nach international anerkannten und ethischen Prüfungsstandards sowie Normen für die Unabhängigkeit der Abschlussprüfer durchgeführt werden, um hinreichende Sicherheit zu bieten, dass der Jahresabschluss in allen wesentlichen Aspekten gemäß einem geltenden Rechnungslegungsrahmen erstellt wurde.

37. Viele Unternehmen haben Maßnahmen getroffen, die ihnen bei der Einhaltung der gesetzlichen Bestimmungen und der Verhaltensmaßstäbe für ihre Geschäftstätigkeit helfen und die Transparenz ihrer Aktivitäten verbessern sollen. Immer mehr Unternehmen haben außerdem auf freiwilliger Basis Verhaltenskodizes eingeführt, mit denen sie ihre Verpflichtung auf internationale Standards oder bestimmte ethische Werte zum Ausdruck bringen, z. B. in den Bereichen Umwelt – einschließlich des Klimawandels und der Biodiversität –, Menschenrechte, Arbeitsstandards, Verbraucherschutz oder Besteuerung. Um ihnen die Einhaltung dieser Verpflichtungen zu erleichtern, sind spezielle Managementsysteme entstanden, die ständig weiterentwickelt werden; sie umfassen Informationssysteme und operationelle Verfahren ebenso wie Schulungsmaßnahmen.

38. Vorgaben der Regulierungs- oder Börsenaufsichtsbehörden verpflichten die Unternehmen u. U. dazu, auf der Basis breiter gefasster Offenlegungsstandards zu berichten. Sie sollten sich darum bemühen, sofern dies mit den gesetzlichen Anforderungen und den Offenlegungspflichten des betreffenden Staates im Einklang steht, die sich weltweit herausbildenden empfehlenswerten Verfahrensweisen und die sich verändernden Offenlegungsstandards, z. B. zu Klima- und Emissionsfragen, einzuführen und ihre Berichterstattung daran auszurichten. Die Unternehmen arbeiten ferner mit Nichtregierungs- und

zwischenstaatlichen Organisationen bei der Konzipierung von Berichtsstandards zusammen, die ihnen erlauben sollen, die Öffentlichkeit besser darüber zu informieren, welchen Einfluss ihre Aktivitäten im Bereich der nachhaltigen Entwicklung haben.

39. Die Unternehmen werden dazu angehalten, wichtige Informationen über verantwortungsvolles unternehmerisches Handeln proaktiv zu kommunizieren, leicht zugängliche, nutzerfreundliche, aktuelle, korrekte, klare und vollständige Informationen bereitzustellen, den Zugang zu veröffentlichten Informationen kostengünstig zu gestalten und zu diesem Zweck den Einsatz moderner Informationstechnologien in Erwägung zu ziehen. Informationen, die inländischen Nutzern zugänglich gemacht werden, sollten unter Berücksichtigung der Zugangsmöglichkeiten auch für alle anderen Interessenten verfügbar sein. Die Unternehmen sollten sich darum bemühen sicherzustellen, dass die Informationen zielgruppengerecht aufbereitet sind, und können spezielle Maßnahmen zur Informationsverbreitung in solchen Bevölkerungsgruppen ergreifen, die keinen Zugang zu digitalen oder gedruckten Medien haben (z. B. entlegene oder verarmte Bevölkerungsgruppen, die von den Aktivitäten der Unternehmen unmittelbar betroffen sind).

40. Eine Prüfung der Informationen über verantwortungsvolles unternehmerisches Handeln durch eine unabhängige, kompetente und qualifizierte Einheit gemäß international anerkannten Qualitätsnormen kann das Vertrauen in die offengelegten Informationen untermauern und stärken und zu einer besseren Qualität und Vergleichbarkeit der Berichterstattung beitragen.

IV. Menschenrechte

Die Staaten haben die Pflicht, die Menschenrechte zu schützen. Die Unternehmen sollten im Rahmen der international anerkannten Menschenrechte, der von den Ländern, in denen sie tätig sind, eingegangenen internationalen Menschenrechtsverpflichtungen sowie der einschlägigen nationalen Gesetze und Vorschriften

1. die Menschenrechte achten. Dies bedeutet, dass sie Verletzungen der Menschenrechte anderer vermeiden und den negativen Auswirkungen auf die Menschenrechte, an denen sie beteiligt sind, begegnen sollten.
2. im Kontext ihrer eigenen Aktivitäten verhindern, negative Auswirkungen auf die Menschenrechte zu verursachen oder einen Beitrag dazu zu leisten, und solchen Auswirkungen begegnen, wenn sie auftreten.
3. sich um Mittel und Wege bemühen, negative Auswirkungen auf die Menschenrechte zu verhüten oder zu mindern, die aufgrund einer Geschäftsbeziehung mit ihrer Geschäftstätigkeit, ihren Produkten oder Dienstleistungen unmittelbar verbunden sind, selbst wenn sie nicht zu diesen Auswirkungen beitragen.
4. ihr Engagement zur Achtung der Menschenrechte in einer öffentlich zugänglichen Erklärung formulieren.
5. je nach ihrer Größe, der Art und des Kontextes ihrer Geschäftstätigkeit und dem Ausmaß des Risikos negativer Auswirkungen auf die Menschenrechte ihrer menschenrechtlichen Sorgfaltspflicht (Due Diligence) nachkommen.
6. mithilfe rechtmäßiger Verfahren für eine Wiedergutmachung negativer Auswirkungen auf die Menschenrechte sorgen oder sich an ihr beteiligen, wenn sich herausstellt, dass sie diese Auswirkungen verursacht oder dazu beigetragen haben.

Erläuterungen zu Kapitel IV: Menschenrechte

41. Dieses Kapitel beginnt mit einem einleitenden Abschnitt, in dem der Rahmen für die spezifischen Empfehlungen hinsichtlich der Achtung der Menschenrechte durch die Unternehmen abgesteckt wird. Er stützt sich auf den Rahmen für Wirtschaft und Menschenrechte „Schutz, Achtung und Abhilfe" (*Protect, Respect and Remedy: a Framework for Business and Human Rights*) der Vereinten Nationen und steht im Einklang mit den *Leitprinzipien für Wirtschaft und Menschenrechte* zur Umsetzung dieses Rahmens sowie mit der *Dreigliedrigen Grundsatzerklärung über multinationale Unternehmen und Sozialpolitik* der ILO.

42. Im einleitenden Abschnitt und in Ziffer 1 wird anerkannt, dass die Staaten die Pflicht zum Schutz der Menschenrechte haben und dass die Unternehmen unabhängig von ihrer Größe, dem Sektor, dem sie angehören, ihrem operativen Umfeld, ihren Eigentumsverhältnissen und ihrer Struktur die Menschenrechte achten sollten, wo immer sie ihre Geschäftstätigkeit ausüben. Die Achtung der Menschenrechte ist der globale Standard für das von den Unternehmen erwartete Verhalten; er gilt unabhängig von der Kapazität und/oder der Bereitschaft der Staaten, die von ihnen eingegangenen Menschenrechtsverpflichtungen zu erfüllen, und schmälert diese Verpflichtungen nicht.

43. Die Tatsache, dass ein Staat einschlägige nationale Gesetze nicht durchsetzt bzw. eingegangene internationale Menschenrechtsverpflichtungen nicht umsetzt oder dass er diesen Gesetzen bzw. internationalen Verpflichtungen möglicherweise zuwiderhandelt, verringert nicht die Verantwortung der Unternehmen, die Menschenrechte zu achten. In Ländern, in denen die nationalen Gesetze und Vorschriften mit den international anerkannten Menschenrechten in Konflikt stehen, sollten sich die Unternehmen im Einklang mit Ziffer 2 des Kapitels I „Begriffe und Grundlagen" um Mittel und Wege bemühen, letztere so weit wie irgend möglich einzuhalten, ohne mit dem geltenden Recht des jeweiligen Landes in Konflikt zu geraten.

44. In allen Fällen und unabhängig von dem Land oder dem spezifischen Kontext, in dem die Unternehmen ihre Geschäftstätigkeit ausüben, ist zumindest auf die international anerkannten Menschenrechte hinzuweisen, die in der *Internationalen Menschenrechtscharta* ausgedrückt sind. Letztere umfasst die *Allgemeine Erklärung der Menschenrechte* und die wichtigsten Instrumente, durch die sie kodifiziert wurde: den *Internationalen Pakt über bürgerliche und politische Rechte* und den *Internationalen Pakt über wirtschaftliche, soziale und kulturelle Rechte*. Ferner ist auf die Prinzipien hinsichtlich der grundlegenden Rechte zu verweisen, die in der *Erklärung der Internationalen Arbeitsorganisation über grundlegende Prinzipien und Rechte bei der Arbeit* dargelegt sind.

45. Die Unternehmen können auf praktisch alle international anerkannten Menschenrechte Auswirkungen haben. In der Praxis sind in manchen Sektoren oder Kontexten bestimmte Menschenrechte Gegenstand erhöhter Aufmerksamkeit, weil sie u. U. stärker gefährdet sind als andere. Da sich die Situation aber verändern kann, sollte die Achtung aller Rechte regelmäßig überprüft werden. Je nach den Umständen müssen die Unternehmen gegebenenfalls zusätzliche Standards berücksichtigen. So sollten die Unternehmen beispielsweise die Menschenrechte von Angehörigen bestimmter Gruppen oder Bevölkerungsteilen, die besonderer Aufmerksamkeit bedürfen, überall dort achten, wo sie negative menschenrechtliche Auswirkungen auf diese Gruppen oder Bevölkerungsteile haben können. Die Unternehmen sollten den besonderen negativen Effekten erhöhte Aufmerksamkeit widmen, denen bestimmte Personen wie z. B. Menschenrechtsaktivist*innen ausgesetzt sein können, die individuell oder als Angehörige bestimmter Gruppen oder Bevölkerungsteile – beispielsweise indigener Völker – aufgrund von Marginalisierung, Schutzlosigkeit oder anderen Umständen möglicherweise besonders gefährdet sind. Weitere praktische Hinweise hierzu, auch im Hinblick auf die freiwillige und in Kenntnis der Sachlage erteilte vorherige Zustimmung (*Free, Prior and Informed Consent – FPIC*), sind den Sorgfaltsgrundsätzen der OECD zu entnehmen, z. B. dem *OECD-Leitfaden für die Erfüllung der Sorgfaltspflicht für verantwortungsvolles unternehmerisches Handeln*, dem *OECD-Leitfaden für die Erfüllung der Sorgfaltspflicht zur konstruktiven Stakeholderbeteiligung im Rohstoffsektor* und dem *OECD/FAO-Leitfaden für verantwortungsvolle landwirtschaftliche Lieferketten*. In den Instrumenten der Vereinten Nationen wurden die Rechte von indigenen Völkern (Erklärung der Vereinten Nationen über die Rechte der indigenen Völker), Personen, die nationalen oder ethnischen, religiösen und sprachlichen Minderheiten angehören, Frauen, Kindern, Menschen mit Behinderungen sowie Wanderarbeitnehmer*innen und ihren Familienangehörigen präzisiert. Außerdem sollten die Unternehmen in Situationen bewaffneter Konflikte die Standards des humanitären Völkerrechts einhalten. Im Kontext bewaffneter Konflikte oder erhöhten Risikos schwerer Menschenrechtsverstöße sollten Unternehmen hinsichtlich negativer Auswirkungen, einschließlich Verletzungen des humanitären Völkerrechts, umfangreichere Maßnahmen zur Erfüllung der Sorgfaltspflichten durchführen.

46. Die in Ziffer 1 enthaltene Empfehlung, tatsächlichen und potenziellen negativen Auswirkungen auf die Menschenrechte zu begegnen, besteht darin, sowohl angemessene Maßnahmen zu ergreifen, um diese Auswirkungen zu ermitteln, wenn möglich zu verhüten sowie die potenziellen Auswirkungen auf die Menschenrechte zu mindern und die tatsächlichen Auswirkungen wiedergutzumachen, als auch Rechenschaft darüber abzulegen, auf welche Weise den negativen Auswirkungen auf die Menschenrechte begegnet wird. Der Begriff „Verletzungen" bezieht sich auf die negativen Auswirkungen, die ein Unternehmen auf die Menschenrechte einzelner Personen haben kann.

47. In Ziffer 2 wird empfohlen, dass die Unternehmen es vermeiden, durch ihre eigenen Aktivitäten negative Auswirkungen auf die Menschenrechte zu verursachen oder einen Beitrag dazu zu leisten, und dass sie diesen Auswirkungen begegnen, wenn sie auftreten. „Aktivitäten" können sowohl Handlungen als auch Unterlassungen umfassen. In Fällen, in denen ein Unternehmen negative Auswirkungen auf die Menschenrechte verursacht oder Gefahr läuft, dies zu tun, sollte es die notwendigen Schritte in die Wege leiten, um die Auswirkungen zu beenden bzw. zu verhüten. In Fällen, in denen ein Unternehmen zu solchen Auswirkungen beiträgt oder Gefahr läuft, dies zu tun, sollte es die notwendigen Schritte in die Wege leiten, um diesen Beitrag zu beenden bzw. zu verhüten, und seinen Einfluss nutzen, um etwaige noch verbleibende Auswirkungen so weit wie irgend möglich zu mindern. Von der Existenz einer Einflussmöglichkeit wird ausgegangen, wenn das Unternehmen in den Praktiken des Verursachers der negativen menschenrechtlichen Auswirkungen einen Wandel herbeiführen kann.

48. Ziffer 3 betrifft komplexere Fälle, in denen ein Unternehmen nicht zu den negativen Auswirkungen auf die Menschenrechte beigetragen hat, die Auswirkungen aber gleichwohl aufgrund seiner Geschäftsbeziehung zu einer anderen Einheit mit seiner Geschäftstätigkeit, seinen Produkten oder Dienstleistungen unmittelbar verbunden sind. Mit Ziffer 3 soll die Verantwortung aber nicht von dem Verursacher der negativen menschenrechtlichen Auswirkungen auf das Unternehmen verlagert werden, mit dem der Verursacher eine Geschäftsbeziehung unterhält. Um der in Ziffer 3 enthaltenen Erwartung gerecht zu werden, sollte ein Unternehmen, das allein oder gegebenenfalls in Kooperation mit anderen Einheiten handelt, seinen Einfluss nutzen und bei Bedarf ausweiten, um auf den Verursacher der negativen menschenrechtlichen Auswirkungen mit dem Ziel einzuwirken, die fraglichen Auswirkungen zu verhindern oder zu mindern. Der Begriff „Geschäftsbeziehungen" eines Unternehmens umfasst die Beziehungen zu Geschäftspartnern, zu Einheiten in der Lieferkette und zu allen anderen nichtstaatlichen oder staatlichen Einheiten, die mit der Geschäftstätigkeit, den Produkten oder den Dienstleistungen des Unternehmens unmittelbar verbunden sind. Zu den Faktoren, die berücksichtigt werden, um in solchen Fällen das angemessene Vorgehen zu ermitteln, zählen der Einfluss des Unternehmens auf die betreffende Einheit, die Bedeutung dieser Beziehung für das Unternehmen, die Schwere der Auswirkungen und die Frage, ob die Beendigung der Beziehung zu der betreffenden Einheit selbst negative Auswirkungen auf die Menschenrechte hätte.

49. In Ziffer 4 wird empfohlen, dass die Unternehmen ihrem Engagement zur Achtung der Menschenrechte durch eine für die Öffentlichkeit zugängliche Grundsatzerklärung Ausdruck verleihen, die *a)* auf höchster Unternehmensebene beschlossen wird, *b)* durch einschlägiges internes und/oder externes Fachwissen fundiert ist, *c)* die Erwartungen des Unternehmens im Hinblick auf die Menschenrechte fixiert, die an Mitarbeiter*innen, Geschäftspartner und sonstige Parteien, die mit seiner Geschäftstätigkeit, seinen Produkten oder seinen Dienstleistungen unmittelbar verbunden sind, gestellt werden, *d)* intern und extern allen Mitarbeiter*innen, Geschäftspartnern und sonstigen betroffenen Parteien mitgeteilt wird, *e)* sich in den Geschäftspraktiken und -verfahren angemessen widerspiegelt, um ihre Verankerung innerhalb des Gesamtunternehmens zu gewährleisten.

50. Ziffer 5 enthält die an die Unternehmen gerichtete Empfehlung, ihrer menschenrechtlichen Sorgfaltspflicht nachzukommen. Das Verfahren besteht u. a. darin, die tatsächlichen und potenziellen Auswirkungen auf die Menschenrechte zu ermitteln, die sich daraus ergebenden Erkenntnisse zu berücksichtigen und entsprechende Maßnahmen zu ergreifen, deren Wirkung nachzuverfolgen sowie mitzuteilen, wie den Auswirkungen begegnet wird. Die menschenrechtliche Sorgfaltspflicht kann in allgemeinere Systeme für Unternehmensrisikomanagement integriert werden, sofern sie über die einfache Identifizierung und Steuerung wesentlicher Risiken für das Unternehmen selbst hinausgeht und auch Risiken für die Rechteinhaber umfasst. Angesichts der Tatsache, dass sich im Zeitverlauf mit der Geschäftstätigkeit und dem operativen Umfeld eines Unternehmens auch die Menschenrechtsrisiken ändern können, handelt es sich dabei um eine kontinuierliche Aufgabe. Weitere Orientierungshilfen zur Sorgfaltspflicht, insbesondere in Bezug auf Lieferketten, sowie angemessene Gegenmaßnahmen gegen die von den Lieferketten ausgehenden Risiken finden sich unter den Ziffern 11 bis 13 des Abschnitts A im

Kapitel II „Allgemeine Grundsätze" und in den dazugehörenden Erläuterungen. Außerdem wurden mit dem *OECD-Leitfaden für die Erfüllung der Sorgfaltspflicht für verantwortungsvolles unternehmerisches Handeln* weitere Leitlinien für bestimmte Wirtschaftssektoren und Risikobereiche, aber auch für sektorübergreifende Fragen entwickelt. Bei der Wahrnehmung der menschenrechtlichen Sorgfaltspflicht müssen u. U. unterschiedliche, sich überlappende Risiken berücksichtigt werden, die z. B. mit individuellen Merkmalen oder mit der Schutzlosigkeit oder Marginalisierung bestimmter Gruppen zusammenhängen können. Ein konstruktiver Dialog mit Stakeholdern ist in dieser Hinsicht wichtig und auch die Prüfung von Möglichkeiten, wie sich bestmögliche nachhaltige Entwicklungsergebnisse für die betreffenden Gruppen erzielen lassen, könnte sachdienlich sein.

51. Wenn die Unternehmen durch ihre Due-Diligence-Vorkehrungen im Bereich der Menschenrechte oder andere Mittel herausfinden, dass sie negative Auswirkungen verursacht oder zu diesen beigetragen haben, empfehlen die *Leitsätze*, dass sie mithilfe rechtmäßiger Verfahren für eine Wiedergutmachung sorgen oder sich an ihr beteiligen. Unternehmen sollten Verfahren einführen oder an ihnen teilnehmen, die eine Wiedergutmachung ermöglichen. In einigen Fällen ist es erforderlich, dass die Unternehmen sich an gerichtlichen oder rechtsstaatlichen außergerichtlichen Mechanismen beteiligen. In anderen Fällen können Beschwerdemechanismen auf Unternehmensebene ein wirksames Mittel sein, um solche Verfahren für Personen, die möglicherweise von Unternehmensaktivitäten betroffen sind, zu etablieren, sofern diese Verfahren folgende Schlüsselkriterien erfüllen: Sie sind legitim, zugänglich, vorhersehbar, unparteilich, vereinbar mit den *Leitsätzen*, transparent, rechtskonform, stellen eine Quelle des kontinuierlichen Lernens dar und beruhen auf Dialog sowie der Bereitschaft, einvernehmliche Lösungen zu finden. Derartige Mechanismen können von einem Unternehmen allein oder in Zusammenarbeit mit weiteren Stakeholdern verwaltet werden und Impulse für kontinuierliches Lernen liefern. Die Beschwerdemechanismen auf Unternehmensebene dürfen aber weder dazu verwendet werden, die Rolle der Gewerkschaften bei der Beilegung von arbeitsbezogenen Konflikten zu untergraben, noch dürfen diese Mechanismen den Zugang zu den im Rahmen der *Leitsätze* eingerichteten Nationalen Kontaktstellen und anderen gerichtlichen und außergerichtlichen Beschwerdemechanismen verhindern.

V. Beschäftigung und Beziehungen zwischen den Sozialpartnern

Die Unternehmen sollten im Rahmen der geltenden Gesetze und Bestimmungen, der bestehenden Arbeitgeber-Arbeitnehmer-Beziehungen und Beschäftigungspraktiken sowie der geltenden internationalen Arbeitsstandards, unter Vermeidung jeglicher rechtswidriger Beschäftigungspraktiken und Beziehungen zwischen den Sozialpartnern sowie im Einklang mit den in den Kapiteln II und IV beschriebenen Erwartungen im Hinblick auf die Erfüllung der Sorgfaltspflicht

1.

a) das Recht der Arbeitnehmer*innen respektieren, Gewerkschaften und Vertretungsorgane ihrer Wahl zu gründen bzw. ihnen beizutreten, und die Einmischung in die Entscheidungen der Arbeitnehmer*innen vermeiden, Gewerkschaften und Vertretungsorgane ihrer Wahl zu gründen bzw. ihnen beizutreten.

b) das Recht der Arbeitnehmer*innen respektieren, Gewerkschaften und Vertretungsorgane ihrer Wahl zu beauftragen, sie bei Tarifverhandlungen zu vertreten, und bereit sein, mit diesen Arbeitnehmerorganisationen entweder einzeln oder über Arbeitgeberverbände konstruktive Verhandlungen zu führen mit dem Ziel, Vereinbarungen über die Beschäftigungsbedingungen zu treffen.

c) zur wirksamen Abschaffung der Kinderarbeit beitragen sowie unverzügliche und effektive Maßnahmen ergreifen, um die Beseitigung der schlimmsten Formen der Kinderarbeit schnellstmöglich zu gewährleisten.

d) zur Beseitigung aller Formen der Zwangs- oder Pflichtarbeit beitragen sowie unverzügliche und wirksame Maßnahmen ergreifen, um die Zwangs- oder Pflichtarbeit schnellstmöglich zu beseitigen.

e) sich im Rahmen ihrer Aktivitäten vom Grundsatz der Chancengleichheit und Gleichbehandlung in der Beschäftigung leiten lassen und gegenüber ihren Arbeitskräften in Bezug auf Beschäftigung oder Beruf jegliche Diskriminierung aufgrund der ethnischen Herkunft, der Hautfarbe, des Geschlechts, des Alters, der Religion, der politischen Anschauung, der nationalen Abstammung oder der sozialen Herkunft, einer Behinderung oder eines anderen Status unterlassen, es sei denn, die Politik des betreffenden Staates sieht ausdrücklich eine Auswahl der Arbeitskräfte nach bestimmten Kriterien vor mit dem Ziel, eine größere Gleichheit der Beschäftigungschancen zu erreichen, oder die Auswahl hängt mit inhärenten Arbeitsplatzanforderungen zusammen.

f) im Einklang mit der Erklärung der ILO über grundlegende Prinzipien und Rechte bei der Arbeit für ein sicheres und gesundes Arbeitsumfeld sorgen.

2.

a) den Arbeitnehmervertreter*innen die Unterstützung zuteilwerden lassen, die erforderlich ist, um das Zustandekommen wirksamer Tarifverträge zu fördern.

b) den Arbeitnehmervertreter*innen zeitnah die Informationen zur Verfügung stellen, die als Grundlage für konstruktive Verhandlungen über die Beschäftigungsbedingungen erforderlich sind.

c) den Arbeitnehmer*innen und ihren Vertreter*innen die Informationen zur Verfügung stellen, die es ihnen ermöglichen, sich ein den tatsächlichen Verhältnissen entsprechendes Bild von der Lage der betreffenden Einheit oder gegebenenfalls des Gesamtunternehmens zu bilden.

3. Konsultationen und Zusammenarbeit zwischen Arbeitgebern, Arbeitnehmer*innen und deren jeweiligen Vertreter*innen in Angelegenheiten von gemeinsamem Interesse mittels rechtmäßiger Verfahren, Strukturen oder Mechanismen fördern.

4.

a) im Rahmen ihrer gesamten Geschäftstätigkeit geltende Standards in Bezug auf Beschäftigungsbedingungen, vertragliche Vereinbarungen und Beziehungen zwischen den Sozialpartnern einhalten.

b) im Rahmen ihrer gesamten Geschäftstätigkeit als multinationale Unternehmen in anderen Ländern Löhne, Lohnnebenleistungen und Arbeitsbedingungen bieten, die für die Arbeitnehmer*innen nicht weniger günstig sind als diejenigen, die von vergleichbaren Arbeitgebern des Gastlands geboten werden. Wenn vergleichbare Arbeitgeber nicht existieren, sollten die Unternehmen im Einklang mit dem staatlichen Politikrahmen und den geltenden internationalen Standards die bestmöglichen Löhne, Lohnnebenleistungen und Arbeitsbedingungen bieten. Diese sollten sich an der wirtschaftlichen Lage des Unternehmens orientieren und zumindest hinreichend sein, um den Grundbedürfnissen der Arbeitnehmer*innen und ihrer Familien gerecht zu werden.

c) das höchste Arbeitsschutzniveau aufrechterhalten.

5. bei ihrer Tätigkeit weitestmöglich einheimische Arbeitskräfte beschäftigen und für Bildungsmaßnahmen zur Anhebung des Qualifikationsniveaus sorgen, und zwar in Zusammenarbeit mit den Arbeitnehmervertretungen und gegebenenfalls den zuständigen Behörden.

6. bei Überlegungen zu Veränderungen ihrer Geschäftstätigkeit, die mit erheblichen Beschäftigungseffekten verbunden wären – wie insbesondere die Schließung einer Geschäftseinheit mit Massenentlassungen –, die Vertreter*innen der betroffenen Arbeitnehmer*innen und ihre Verbände sowie gegebenenfalls auch die zuständigen Behörden innerhalb einer angemessenen Frist von derartigen Veränderungen in Kenntnis setzen und mit den Arbeitnehmervertreter*innen und den zuständigen Behörden zusammenarbeiten, um nachteilige Auswirkungen solcher Veränderungen weitestmöglich abzumildern. Unter Berücksichtigung der besonderen Umstände des jeweiligen Einzelfalls wäre es angebracht, wenn die Unternehmensleitung solche Informationen bekannt geben könnte, bevor die endgültige Entscheidung getroffen wird. Es können auch andere Wege einer sinnvollen Zusammenarbeit beschritten werden, um die Auswirkungen derartiger Entscheidungen zu mildern.

7. bei Bona-fide-Verhandlungen mit den Arbeitnehmervertreter*innen über die Beschäftigungsbedingungen oder wenn die Arbeitnehmer*innen von ihrem Recht Gebrauch machen, sich zu organisieren, weder mit der vollständigen oder teilweisen Verlagerung einer Betriebseinheit aus dem betreffenden Land in ein anderes Land drohen, noch Arbeitnehmer*innen aus Unternehmenseinheiten im Ausland umsetzen, um hierdurch die Verhandlungen auf unbillige Weise zu beeinflussen oder die Ausübung des Organisationsrechts der Arbeitnehmer*innen oder ihres Rechts auf Kollektivverhandlungen zu behindern.

8. die bevollmächtigten Vertreter*innen der von ihnen beschäftigten Arbeitnehmer*innen in den Stand setzen, über Fragen der Tarifverträge oder der Arbeitgeber-Arbeitnehmer-Beziehungen zu verhandeln, und den beteiligten Parteien die Möglichkeit geben, mit Vertreter*innen der Unternehmensleitung, die zur Beschlussfassung über die anstehenden Fragen ermächtigt sind, Konsultationen über Angelegenheiten von gemeinsamem Interesse zu veranstalten.

Erläuterungen zu Kapitel V: Beschäftigung und Beziehungen zwischen den Sozialpartnern

52. Diesem Kapitel wurde ein einleitender Abschnitt mit einer Bezugnahme auf die „geltenden" Gesetze und Bestimmungen vorangestellt, um der Tatsache Rechnung zu tragen, dass multinationale Unternehmen bei der Ausübung ihrer Tätigkeit auf dem Hoheitsgebiet bestimmter Staaten nationalen und internationalen Rechtsvorschriften in Fragen der Beschäftigung und der Beziehungen zwischen den Sozialpartnern unterliegen können. Die Begriffe „bestehende Arbeitgeber-Arbeitnehmer-Beziehungen" und „Beschäftigungspraktiken" sind hinreichend allgemein gehalten, um angesichts der jeweiligen nationalen Besonderheiten – z. B. der verschiedenen Verhandlungsmöglichkeiten, über die die Arbeitnehmer*innen nach den nationalen Gesetzen und Bestimmungen verfügen – unterschiedliche Auslegungen zu erlauben.

53. Die Internationale Arbeitsorganisation (ILO) ist zuständig für die Ausarbeitung und Erörterung internationaler Arbeitsnormen sowie für die Förderung der grundlegenden Arbeitsrechte, wie sie in der *ILO-Erklärung über grundlegende Prinzipien und Rechte bei der Arbeit* offiziell anerkannt wurden. Als nicht rechtsverbindliches Instrument sind die *Leitsätze* bei der Förderung der Einhaltung dieser Standards und Grundsätze durch multinationale Unternehmen von Bedeutung. Die *Leitsätze* spiegeln die einschlägigen Bestimmungen der Erklärung wie auch der *Dreigliedrigen Grundsatzerklärung über multinationale Unternehmen und Sozialpolitik* der ILO (*MNU-Erklärung* der ILO) wider. In der *MNU-Erklärung* der ILO wurden Grundsätze für die Bereiche Beschäftigung, Ausbildung, Arbeitsbedingungen und Arbeitsbeziehungen festgelegt, während sich die *OECD-Leitsätze* auf alle wesentlichen Aspekte des Unternehmenshandelns erstrecken. Sowohl die *OECD-Leitsätze* als auch die *MNU-Erklärung* der ILO beziehen sich aber auf das von Unternehmen erwartete Verhalten; sie bilden nicht widersprüchliche, sondern parallel zueinander bestehende Instrumente. Gleichzeitig ist die *MNU-Erklärung* der ILO detaillierter, sodass sie zum besseren Verständnis der *OECD-Leitsätze* von Nutzen sein kann. Die Durchführungsverfahren der beiden Instrumente sind jedoch institutionell verschieden.

54. Die in Kapitel V verwendete Terminologie stimmt mit der in der *MNU-Erklärung* der ILO verwendeten Terminologie überein. Dabei wird anerkannt, dass von den Unternehmen, selbst wenn kein Beschäftigungsverhältnis vorliegt, erwartet wird, dass sie im Einklang mit den in den Ziffern 11 bis 14 des Abschnitts A in Kapitel II „Allgemeine Grundsätze" enthaltenen Empfehlungen zu risikoabhängigen Due-Diligence-Prüfungen und Lieferketten handeln. Besonders wichtig ist dies in Wirtschaftssektoren, die möglicherweise stärker von informeller Beschäftigung, Zeitverträgen, Defiziten an menschenwürdiger Arbeit und der digitalen Transformation geprägt sind.

55. Diese Empfehlungen stehen mit tatsächlichen privaten und geschäftlichen Beziehungen nicht in Konflikt, sie sind vielmehr darauf angelegt sicherzustellen, dass Personen in einem Arbeitsverhältnis über den ihnen im Kontext der *Leitsätze* gebührenden Schutz verfügen.

56. In Ziffer 1 dieses Kapitels wird auf alle in der *ILO-Erklärung über grundlegende Prinzipien und Rechte bei der Arbeit* enthaltenen grundlegenden Prinzipien und Rechte bei der Arbeit Bezug genommen, nämlich die Vereinigungsfreiheit und das Recht auf Kollektivverhandlungen, die effektive Abschaffung der Kinderarbeit, die Beseitigung aller Formen von Zwangs- oder Pflichtarbeit, die Nichtdiskriminierung in Beschäftigung und Beruf und die Förderung eines sicheren und gesunden Arbeitsumfelds. Diese Prinzipien und Rechte wurden in Form spezifischer Rechte und Verpflichtungen in den grundlegenden ILO-Übereinkommen verankert.

57. In Ziffer 1 Buchstabe c wird empfohlen, dass die multinationalen Unternehmen zur effektiven Abschaffung der Kinderarbeit im Sinne der *ILO-Erklärung über grundlegende Prinzipien und Rechte bei der Arbeit* beitragen. Zwei schon länger bestehende ILO-Instrumente im Hinblick auf Kinderarbeit sind das Übereinkommen 138 und die Empfehlung 146, die beide 1973 angenommen wurden und sich mit der Frage des Mindestalters für die Zulassung zur Beschäftigung befassen, sowie das ILO-Überein-

kommen 182 und die Empfehlung 190 zur Beseitigung der schlimmsten Formen der Kinderarbeit. Multinationale Unternehmen können über ihr Arbeitsmanagement, durch die Förderung qualitativ anspruchsvoller Arbeit und die Schaffung gut bezahlter und menschenwürdiger Arbeitsplätze sowie durch ihren Beitrag zum Wirtschaftswachstum eine positive Rolle bei den Bemühungen spielen, die eigentlichen Ursachen der Armut im Allgemeinen und der Kinderarbeit im Besonderen zu bekämpfen. Es ist wichtig, die den multinationalen Unternehmen zufallende Rolle im Hinblick auf ihren Beitrag zu einer dauerhaften Lösung des Problems der Kinderarbeit anzuerkennen und zu fördern. Besondere Aufmerksamkeit gebührt hierbei der Anhebung des Bildungsniveaus der in den Gastländern lebenden Kinder.

58. In Ziffer 1 Buchstabe d wird empfohlen, dass die Unternehmen zur Beseitigung von Zwangs- oder Pflichtarbeit in allen ihren Formen beitragen, womit ein anderer Grundsatz der *ILO-Erklärung über grundlegende Prinzipien und Rechte bei der Arbeit* aufgegriffen wird, der gemäß dem *Internationalen Pakt über bürgerliche und politische Rechte* als Recht auf Freiheit von Zwangs- oder Pflichtarbeit zu den Menschenrechten gehört. Dieses zentrale Recht von Arbeitnehmer*innen beruht auf dem ILO-Übereinkommen 29 von 1930 und dem Protokoll von 2014 zu diesem Übereinkommen sowie auf dem ILO-Übereinkommen 105 von 1957. Das Übereinkommen 29 fordert die Regierungen auf, „den Gebrauch der Zwangs- oder Pflichtarbeit in allen ihren Formen möglichst bald zu beseitigen“, während Übereinkommen 105 die Regierungen auffordert, „die Zwangs- oder Pflichtarbeit [als Mittel politischen Zwanges oder als Maßnahme der Arbeitsdisziplin oder zu anderen spezifizierten Zwecken] zu beseitigen und in keiner Form zu verwenden“ sowie „wirksame Maßnahmen [zu ihrer] sofortigen und vollständigen Abschaffung [...] zu ergreifen“. Es besteht zugleich Übereinstimmung darüber, dass die ILO das zuständige Gremium für die Behandlung der schwierigen Frage der Gefängnisarbeit ist, namentlich wenn Häftlinge für Privatpersonen, Unternehmen oder Verbände tätig werden. Die Unternehmen sollten die notwendigen Maßnahmen ergreifen, um den Menschenhandel (beispielsweise für die Zwecke von Zwangsarbeit) zu verhüten, und gegen Zwangsmittel wie z. B. Schuldknechtschaft vorgehen. Die Unternehmen sollten auf die Indikatoren der ILO für Zwangsarbeit reagieren und die Transparenz der Maßnahmen erhöhen, mit denen sie den Risiken von Zwangsarbeit im Zusammenhang mit ihren Geschäftstätigkeiten, Produkten und Dienstleistungen entgegenwirken.

59. Der Grundsatz der Nichtdiskriminierung in Beschäftigung und Beruf in Ziffer 1 Buchstabe e soll für die Bedingungen und Modalitäten in Bereichen wie z. B. Einstellung, Stellenzuweisung, Entlassung, Entlohnung und Lohnnebenleistungen, Beförderung, Versetzung oder Standortwechsel, Beendigung eines Arbeitsverhältnisses, Ausbildung und Ruhestand gelten. Gemäß der Liste der unzulässigen Diskriminierungsgründe, die ILO-Übereinkommen 111 über die Diskriminierung in Beschäftigung und Beruf, ILO-Übereinkommen 100, ILO-Übereinkommen 183 über den Mutterschutz, ILO-Übereinkommen 159 über die berufliche Rehabilitation und die Beschäftigung der Behinderten, ILO-Empfehlung 162 betreffend ältere Arbeitnehmer und ILO-Empfehlung 200 betreffend HIV und AIDS und die Welt der Arbeit entnommen ist, ist jede Unterscheidung, Ausschließung oder Bevorzugung aus einem dieser Gründe als Verstoß gegen die Übereinkommen, Empfehlungen und Kodizes zu betrachten. Die Formulierung „anderen Status“ bezieht sich im Sinne der *Leitsätze* auf gewerkschaftliche Aktivitäten und persönliche Merkmale wie Alter, Behinderung, Geschlecht, Schwangerschaft, Familienstand, sexuelle Orientierung oder HIV-Status. Gemäß Ziffer 1 Buchstabe e wird von den Unternehmen erwartet, dass sie die Chancengleichheit für alle fördern, wobei das Hauptgewicht auf gleichen Kriterien bei Auswahl, Arbeitsentgelten, Bildungsmaßnahmen und Beförderung sowie der gleichen Anwendung dieser Kriterien liegt; ferner sollen die Unternehmen Diskriminierungen oder Entlassungen aufgrund von Heirat, Schwangerschaft und familiären Verpflichtungen verhindern. Maßgeblich ist diesbezüglich das ILO-Übereinkommen 190 über Gewalt und Belästigung.

60. Ziffer 1 Buchstabe f empfiehlt allen Unternehmen, für ein sicheres und gesundes Arbeitsumfeld zu sorgen, indem sie beispielsweise Unfälle und Gesundheitsschäden vermeiden, die durch eine berufliche Betätigung verursacht werden, mit ihr zusammenhängen oder in ihrem Verlauf eintreten. Hierfür sollten die Unternehmen, soweit es nach vernünftigem Ermessen möglich ist, die Ursachen für Gefahren im Arbeitsumfeld minimieren.

61. Gemäß Ziffer 2 Buchstabe c dieses Kapitels wird von den Unternehmen erwartet, dass sie den Arbeitnehmer*innen und ihren Vertreter*innen Informationen zur Verfügung stellen, die es diesen ermöglichen, sich ein „den tatsächlichen Verhältnissen entsprechendes Bild“ von der Lage zu machen. Dabei geht es um Informationen über die Struktur des Unternehmens, seine wirtschaftliche und finanzielle Lage, Entwicklungsprognosen, negative Auswirkungen seiner Tätigkeit auf Umwelt, Gesundheit und Sicherheit, Beschäftigungstrends und voraussichtliche wichtige Veränderungen der Geschäftstätigkeit, wobei legitimen Erfordernissen des Geschäftsgeheimnisses Rechnung zu tragen ist. Diese Berücksichtigung des Geschäftsgeheimnisses kann zur Folge haben, dass manche Informationen nicht oder nur unter gewissen Sicherheitsvorkehrungen mitgeteilt werden können.

62. Die Bezugnahme auf eine Arbeitnehmerbeteiligung in Form von Konsultationen in Ziffer 3 dieses Kapitels fußt auf der ILO-Empfehlung 94 betreffend Beratungen und Zusammenarbeit zwischen Arbeitgebern und Arbeitnehmern im Bereich des Betriebs. Sie entspricht darüber hinaus auch einer in der *MNU-Erklärung* der ILO enthaltenen Bestimmung. Derartige Konsultationsmechanismen dürfen jedoch nicht als Ersatz für das Recht der Arbeitnehmer*innen auf Verhandlungen zur vertraglichen Gestaltung von Beschäftigungsbedingungen angesehen werden. Ziffer 8 enthält ebenfalls eine Empfehlung über Konsultationsmechanismen, in diesem Fall in Bezug auf die Arbeitsbeziehungen.

63. Die in Ziffer 4 erwähnten Standards für die Beschäftigungsbedingungen und die Beziehungen zwischen den Sozialpartnern erstrecken sich nach allgemeinem Verständnis auch auf Arbeitsentgelte und Arbeitszeitvereinbarungen. Die Bezugnahme auf den Arbeitsschutz bedeutet, dass von den multinationalen Unternehmen die Einhaltung der gültigen Vorschriften und branchenspezifischen Normen erwartet wird, um das Risiko von Unfällen und Gesundheitsschäden, die durch eine berufliche Betätigung verursacht werden, damit zusammenhängen oder im Rahmen eines Beschäftigungsverhältnisses eintreten, auf ein Minimum zu reduzieren. Dadurch sollen die Unternehmen dazu angehalten werden, auf eine Verbesserung der Arbeitsschutzergebnisse in allen Bereichen ihrer Tätigkeit hinzuwirken, auch wenn dies aufgrund der geltenden Bestimmungen des Gastlands nicht ausdrücklich gefordert ist. Ferner sollen die Unternehmen auch dazu veranlasst werden, ihren Arbeitnehmer*innen das Recht zuzuerkennen, sich aus einer Arbeitssituation zurückzuziehen, die begründeten Anlass zu der Vermutung gibt, dass sie eine unmittelbare und ernsthafte Gefahr für die Gesundheit oder Sicherheit darstellt. Gesundheits- und Sicherheitsbelange werden angesichts ihrer Bedeutung und ihres komplementären Charakters für damit zusammenhängende Empfehlungen auch an anderer Stelle der *Leitsätze* behandelt, namentlich in den Kapiteln über Verbraucherinteressen und Umwelt. Die ILO-Empfehlung 194 betreffend die Liste der Berufskrankheiten enthält eine indikative Liste der Berufskrankheiten und verweist auf einschlägige Richtliniensammlungen und Leitfäden, die von den Unternehmen zum Zweck der Umsetzung dieser Empfehlung der *Leitsätze* herangezogen werden können. Weitere Hinweise zum Arbeitsschutz für Unternehmen sind Teil IV (Maßnahmen auf betrieblicher Ebene) des ILO-Übereinkommens 155 über Arbeitsschutz und Arbeitsumwelt und dem *ILO-Leitfaden für Arbeitsschutzmanagementsysteme* zu entnehmen.

64. Durch die Empfehlung in Ziffer 5 des Kapitels sollen die multinationalen Unternehmen dazu angehalten werden, einen angemessenen Anteil einheimischer Arbeitskräfte einschließlich Managementkräften einzustellen und diesen eine Ausbildung zuteilwerden zu lassen. Bildungsmaßnahmen für Höherqualifizierung und Neuqualifizierung sollten künftige Veränderungen bei der Geschäftstätigkeit und dem Bedarf der Arbeitgeber antizipieren. Sie können beispielsweise durch den gesellschaftlichen, ökologischen und technologischen Wandel oder auch durch Risiken und Chancen im Zusammenhang mit Automatisierung, Digitalisierung, dem gerechten Übergang (*just transition*) und nachhaltiger Entwicklung bedingt sein. Die Formulierung dieses Absatzes über Bildungsmaßnahmen und das Qualifikationsniveau ergänzt den Wortlaut von Ziffer 4 des Abschnitts A im Kapitel II „Allgemeine Grundsätze“ zur Förderung der Humankapitalbildung und die Bezugnahme auf einheimische Arbeitskräfte ergänzt Ziffer 3 zur Förderung des lokalen Kapazitätsaufbaus an gleicher Stelle. Gemäß der ILO-Empfehlung 195 betreffend die Entwicklung der Humanressourcen sind die Unternehmen auch dazu aufgerufen, soweit irgend möglich

in Ausbildung und lebenslanges Lernen zu investieren, bei gleichzeitiger Gewährleistung der Chancengleichheit in Bildung und Ausbildung für Frauen und andere schutzbedürftige Gruppen wie Jugendliche, Geringqualifizierte, Menschen mit Behinderungen, Migrant*innen, ältere Arbeitskräfte und indigene Bevölkerungsgruppen.

65. Den Unternehmen kommt bei der Förderung menschenwürdiger Arbeit und Schaffung entsprechender Arbeitsplätze eine wichtige Rolle zu. Ziffer 6 enthält die an die Unternehmen gerichtete Empfehlung, die Arbeitnehmervertreter*innen und die zuständigen Behörden innerhalb einer angemessenen Frist von Veränderungen ihrer Geschäftstätigkeit in Kenntnis zu setzen, wenn diese mit erheblichen Konsequenzen für die Existenz ihrer Arbeitnehmer*innen verbunden wären, wie insbesondere Schließung einer Unternehmenseinheit oder Automatisierungsmaßnahmen mit Massenentlassungen. Wie in der Empfehlung festgestellt wird, soll hierdurch Gelegenheit zu einer Zusammenarbeit mit dem Ziel gegeben werden, nachteilige Auswirkungen solcher Veränderungen abzumildern. Es handelt sich hierbei um einen wichtigen Grundsatz, der im kollektiven Arbeitsrecht und in den Praktiken der Teilnehmerstaaten weitverbreitet ist, wenn auch die Lösungsansätze nicht in allen Ländern identisch sind. Ferner wird darauf hingewiesen, dass es zweckmäßig wäre, wenn die Unternehmensleitung solche Informationen unter Berücksichtigung der jeweiligen besonderen Umstände bekannt geben könnte, bevor die endgültige Entscheidung getroffen wird. In der Tat ist eine derartige Ankündigung vor der endgültigen Entscheidung in einer Reihe von Teilnehmerstaaten Bestandteil der Gesetze und Praktiken im Bereich der Beziehungen zwischen den Sozialpartnern. Sie bildet jedoch nicht das einzige Mittel, mit dessen Hilfe eine konstruktive Zusammenarbeit mit dem Ziel zustande kommen kann, die Auswirkungen derartiger Entscheidungen zu mildern. So sehen z. B. die gesetzlichen Bestimmungen und Praktiken anderer Teilnehmerstaaten andere Möglichkeiten vor, beispielsweise bestimmte Fristen, innerhalb deren Konsultationen stattfinden müssen, bevor die Entscheidungen umgesetzt werden können.

VI. Umwelt

Die Unternehmen spielen eine entscheidende Rolle bei der Förderung nachhaltiger Volkswirtschaften. Sie können dazu beitragen, wirksame und innovative Antworten auf globale, regionale und lokale Umweltherausforderungen und u. a. auch auf die akute Bedrohung durch den Klimawandel zu finden. Die Unternehmen sollten im Rahmen der Gesetze, Bestimmungen und Verwaltungspraktiken der Länder, in denen sie tätig sind, und unter Berücksichtigung der einschlägigen internationalen Abkommen, Grundsätze, Ziele und Standards ihre Geschäftstätigkeit so ausüben, dass sie der Notwendigkeit des Schutzes der Umwelt, und damit der Beschäftigten, Gemeinschaften und der Gesellschaft als Ganzes, in gebührender Weise Rechnung tragen, negative Umweltauswirkungen vermeiden und eindämmen sowie einen Beitrag zu dem allgemeineren Ziel einer nachhaltigen Entwicklung leisten. Durch die Tätigkeiten der Unternehmen können eine Reihe von negativen Umweltauswirkungen entstehen. Dazu gehören u. a.

a) Klimawandel,

b) Biodiversitätsverlust,

c) Bodendegradation und Belastung von Meeres- und Süßwasserökosystemen,

d) Vernichtung von Waldbeständen,

e) Luft-, Wasser- und Bodenverschmutzung sowie

f) unsachgemäßer Umgang mit gefährlichen und anderen Abfällen.

Wichtige Unterschiede zwischen verschiedenen Umweltauswirkungen werden in den Erläuterungen zu diesem Kapitel beschrieben. Dabei wird u. a. auf den Klimawandel eingegangen und dargelegt, wie der Zusammenhang zwischen einem Unternehmen und diesen Auswirkungen im Kontext einschlägiger Rahmenwerke betrachtet werden sollte.

Die Unternehmen sollten insbesondere

1. ein Umweltmanagementsystem einrichten und aufrechterhalten, das auf das jeweilige Unternehmen zugeschnitten ist und seine Geschäftstätigkeiten sowie den gesamten Lebenszyklus seiner Produkte und Dienstleistungen abdeckt. Dieses System sollte u. a. eine risikoabhängige Due-Diligence-Prüfung auf negative Umweltauswirkungen (wie in Kapitel II beschrieben) vorsehen, beispielsweise indem

    a) negative Umweltauswirkungen festgestellt und bewertet werden, die mit den Geschäftstätigkeiten, Produkten oder Dienstleistungen eines Unternehmens einhergehen. Dafür sollten z. B. sachgerechte, aktuelle Informationen über die mit den Geschäftstätigkeiten, Produkten und Dienstleistungen verbundenen negativen Auswirkungen gesammelt und bewertet werden. Wenn die Geschäftstätigkeit erhebliche negative Umweltauswirkungen mit sich bringen kann, sollte darüber hinaus eine zweckdienliche Umweltverträglichkeitsprüfung vorbereitet werden.

    b) messbare Vorgaben, Ziele und Strategien aufgestellt und umgesetzt werden, um negativen Umweltauswirkungen im Zusammenhang mit den Geschäftstätigkeiten, Produkten und Dienstleistungen des Unternehmens zu begegnen und die Umweltleistung zu verbessern. Die Vorgaben sollten auf wissenschaftlicher Basis beruhen, mit der einschlägigen nationalen Politik sowie internationalen Verpflichtungen und Zielen im Einklang stehen und empfehlenswerte Ansätze berücksichtigen.

c) die Wirksamkeit von Strategien regelmäßig überprüft wird und die Fortschritte bei der Umsetzung von Umweltvorgaben und -zielen gemessen werden sowie in regelmäßigen Abständen die fortgesetzte Relevanz von Vorgaben, Zielen und Strategien beurteilt wird.

d) die Öffentlichkeit, Beschäftigten und weitere relevante Akteure mit aussagekräftigen, messbaren, gegebenenfalls überprüfbaren sowie aktuellen Informationen über Umweltauswirkungen im Zusammenhang mit den Geschäftstätigkeiten, Produkten und Dienstleistungen des Unternehmens sowie über Fortschritte bei der Umsetzung von Zielen und Vorgaben (wie in Ziffer 1 Buchstabe b beschrieben) bestmöglich auf den neuesten Stand gehalten werden.

e) nötigenfalls Wiedergutmachung geleistet oder sich daran beteiligt wird, um negativen Umweltauswirkungen, die das Unternehmen verursacht oder zu denen es beigetragen hat, zu begegnen, und indem Einflussmöglichkeiten genutzt werden, um andere Einheiten, die negative Umweltauswirkungen verursachen oder zu ihnen beitragen, zur Wiedergutmachung zu bewegen.

2. relevante Akteure konstruktiv einbinden, die von negativen Umweltauswirkungen im Zusammenhang mit der Geschäftstätigkeit, den Produkten oder Dienstleistungen eines Unternehmens betroffen sind.

3. im Falle eines gemäß dem wissenschaftlichen und technischen Kenntnisstand sowie unter Berücksichtigung etwaiger Gefahren für die menschliche Gesundheit und Sicherheit bestehenden Risikos eines ernsten oder irreversiblen Umweltschadens die Umsetzung kostenwirksamer Maßnahmen zur Vermeidung bzw. größtmöglichen Minderung dieses Schadens nicht unter dem Vorwand aufschieben, es mangele an absoluter wissenschaftlicher Gewissheit oder verlässlichen Ansätzen.

4. Notfallpläne bereithalten, um gravierende Umwelt- und Gesundheitsschäden zu vermeiden, zu mindern bzw. unter Kontrolle zu halten, die durch ihre Geschäftstätigkeiten und dabei drohenden Unfällen und Krisensituationen verursacht werden könnten, und Mechanismen zur sofortigen Meldung an die zuständigen Behörden vorsehen.

5. sich auf der eigenen Unternehmensebene und gegebenenfalls auf der Ebene der Einheiten, mit denen sie Geschäftsbeziehungen unterhalten, kontinuierlich um eine Verbesserung der Umweltleistung bemühen, u. a. indem sie

   a) entsprechende Technologien einführen und sich dabei soweit möglich der besten verfügbaren Technologien bedienen.

   b) Produkte oder Dienstleistungen entwickeln und bereitstellen, die keine ungebührlichen Auswirkungen auf die Umwelt haben, deren sachgemäße Verwendung gefahrlos ist, die langlebig sind und repariert, wiederverwendet, recycelt oder gefahrlos entsorgt werden können, deren Produktion die Umwelt schont und natürliche Ressourcen nachhaltig nutzt und die den Energie- und Materialverbrauch, die Schadstoffbelastung, Treibhausgasemissionen sowie das Abfallaufkommen und insbesondere die Entstehung gefährlicher Abfälle möglichst gering halten.

   c) das Bewusstsein ihrer Kunden für die Umweltfolgen der Verwendung ihrer Produkte und Dienstleistungen schärfen, u. a. durch die Bereitstellung relevanter und exakter Informationen über deren Umweltauswirkungen (z. B. über Treibhausgasemissionen, Biodiversitätseffekt, Ressourceneffizienz, Reparatur- und Recyclingfähigkeit oder sonstige Umweltfragen).

6. ihren Beschäftigten ein hinreichendes Schulungs- und Ausbildungsangebot zur Verfügung stellen, das sich auf Umwelt-, Gesundheits- und Sicherheitsfragen erstreckt, u. a. auf den richtigen Umgang mit gefährlichen und nicht gefährlichen Stoffen und Abfällen und die Vermeidung von Umweltunfällen, aber auch auf allgemeinere Aspekte des Umweltmanagements, wie z. B. Umweltprüfverfahren, Öffentlichkeitsarbeit und Umwelttechnologien. Soweit angemessen und praktikabel sollten sie dabei auch Lieferanten und andere Geschäftspartner und insbesondere kleine und mittlere Unternehmen und landwirtschaftliche Kleinbetriebe unterstützen, u. a. beim Kapazitätsaufbau im Bereich des Umweltmanagements.
7. zur Konzipierung einer staatlichen Umweltpolitik beitragen, die ökologische Verantwortung und ökonomische Effizienz verbindet, z. B. durch Partnerschaften oder Initiativen, mit denen das Umweltbewusstsein gestärkt und der Umweltschutz verbessert wird.

Erläuterungen zu Kapitel VI: Umwelt

66. Die Erreichung von Umweltzielen setzt einen gesamtgesellschaftlichen Ansatz voraus. Die *Leitsätze* legen dar, wie die Unternehmen negative Umweltauswirkungen vermeiden bzw. diesen begegnen sollten und wie sie zur Erreichung der Ziele des Klimaschutzes und der Klimaanpassung beitragen sollten. Außerdem wird ausgeführt, was von den Unternehmen hinsichtlich des Schutzes, der Wiederherstellung und der nachhaltigen Nutzung der biologischen Vielfalt, der nachhaltigen, effizienten und rechtmäßigen Nutzung von Land, Bodenschätzen und Energie, der Nachhaltigkeit bei Verbrauch und Produktion (u. a. durch die Förderung von kreislauforientierter Wirtschaft) und der Vermeidung, Minderung und Kontrolle der Schadstoffbelastung erwartet wird. Internationale Verpflichtungen, multilaterale Übereinkommen und andere Regelwerke liefern einen wichtigen Orientierungsrahmen für das Verständnis von Umweltfragen und die Erwartungen, die sich aus ihnen ergeben. Einige internationale Übereinkommen formulieren gemeinsame Ziele auf staatlicher Ebene, ohne einzelnen Unternehmen detailliert vorzuschreiben, welche Verantwortung ihnen in Bezug auf diese Ziele zukommt. In solchen Fällen ergeben sich wichtige Orientierungshilfen aus einschlägigen Regulierungsrahmen, der nationalen Politik, allgemein anerkannten Standards für Umweltmanagement und Umweltschutzmaßnahmen sowie wissenschaftlichen Erkenntnissen. Das Kapitel zum Thema Umwelt spiegelt weitgehend die Grundsätze und Ziele der *Rio-Erklärung über Umwelt und Entwicklung*, der *Agenda 21* (im Rahmen der Rio-Erklärung) und der *Agenda 2030 für nachhaltige Entwicklung* der Vereinten Nationen wider. Es steht auch mit dem *Rahmenübereinkommen der Vereinten Nationen über Klimaänderungen* (UNFCCC), dem *Pariser Klimaabkommen*, dem *Übereinkommen über die biologische Vielfalt*, dem *Biodiversitätsrahmen von Kunming und Montreal*, einschlägigen regionalen Übereinkommen über den Zugang zu Informationen, Öffentlichkeitsbeteiligung und Rechtsschutz in Umweltangelegenheiten, dem *Übereinkommen der Vereinten Nationen zur Bekämpfung der Wüstenbildung* und einschlägigen regionalen Umweltabkommen im Einklang. Es trägt ferner den Standards Rechnung, die in Instrumenten wie dem *ISO-Standard für Umweltmanagementsysteme*, den Umwelt- und Sozialstandards der Internationalen Finanz-Corporation und dem Strategischen Konzept für ein internationales Chemikalienmanagement (*Strategic Approach to International Chemicals Management – SAICM*) enthalten sind.

67. Im Kontext dieser *Leitsätze* sollte der Begriff „Umweltmanagement" möglichst weit ausgelegt werden. Die Aktivitäten, die er umfasst, haben zum Ziel, Umweltauswirkungen und -risiken zu verstehen, Umweltauswirkungen im Zusammenhang mit der Geschäftstätigkeit, den Produkten und den Dienstleistungen eines Unternehmens zu vermeiden bzw. diesen zu begegnen, den Anteil eines Unternehmens an kumulativen Umweltauswirkungen zu berücksichtigen und die Umweltleistung eines Unternehmens kontinuierlich zu verbessern. Umweltmanagement umfasst außerdem risikoabhängige Due-Diligence-Prüfungen auf negative Umweltauswirkungen. Gemäß Kapitel II hängen deren Art und Umfang von den Gegebenheiten des jeweiligen Unternehmens ab. Zum Beispiel ist eine solche Prüfung möglicherweise aufgrund fehlender Umweltdaten oder -technologien nur begrenzt durchführbar. Due Diligence beinhaltet

auch eine risikoabhängige Priorisierung und hängt davon ab, inwieweit mit den Geschäftstätigkeiten, Produkten und Dienstleistungen des Unternehmens verbundene Umweltauswirkungen vernünftigerweise vorhersehbar sind. Umweltmanagement ist ein wichtiger Baustein nachhaltiger Entwicklung und kann dazu führen, dass verschiedene Prioritäten in Einklang gebracht werden müssen, z. B. nationale Prioritäten mit Zielvorgaben für nachhaltige Entwicklung. Dabei ist Umweltmanagement sowohl Ausdruck unternehmerischer Verantwortung als auch Geschäftschance. Beide Aspekte sind für multinationale Unternehmen relevant. Daher sollte die Leitung dieser Unternehmen Umweltfragen im Rahmen ihrer Geschäftsstrategien gebührende Aufmerksamkeit schenken. Eine Steigerung der Umweltleistung setzt ein systematisches Konzept sowie die Bereitschaft zu einer ständigen Verbesserung des Systems voraus. Ein Umweltmanagementsystem liefert den notwendigen unternehmensinternen Rahmen für die Berücksichtigung von Umwelterwägungen bei der Geschäftstätigkeit. Mit einem solchen System dürfte es leichter fallen, Aktionäre, Beschäftigte, Bevölkerungsgruppen und andere relevante Akteure davon zu überzeugen, dass sich das Unternehmen aktiv darum bemüht, die Umwelt vor schädlichen Auswirkungen seiner Aktivitäten zu schützen.

68. Im einleitenden Abschnitt dieses Kapitels werden verschiedene Beispiele für negative Umweltauswirkungen aufgelistet, die mit Geschäftstätigkeiten im Zusammenhang stehen können. Viele Unternehmensaktivitäten können negative Umweltauswirkungen mit sich bringen, d. h. erhebliche Veränderungen der Umwelt oder der Flora und Fauna, die die Zusammensetzung, Resilienz, Produktivität oder Tragfähigkeit von naturbelassenen oder bewirtschafteten Ökosystemen, die Funktionsfähigkeit sozioökonomischer Systeme oder auch den Menschen selbst schädigen. Negative Umweltauswirkungen sollten im Lichte der neuesten wissenschaftlichen Erkenntnisse betrachtet werden. Wie in Kapitel II beschrieben, gilt ein Unternehmen gemäß den *Leitsätzen* dann als „Verursacher" einer negativen Umweltauswirkung, wenn allein seine Aktivitäten genügen, um den negativen Effekt hervorzurufen. Ein Unternehmen „leistet einen Beitrag" zu einer negativen Umweltauswirkung, wenn seine Aktivitäten in Kombination mit denen anderer Einheiten die Auswirkung verursachen oder wenn die Aktivitäten des Unternehmens es bewirken, begünstigen oder Anreize dafür schaffen, dass eine andere Einheit die negative Auswirkung verursacht. Eine direkte Verbindung zu negativen Umweltauswirkungen kann auch aufgrund einer Geschäftsbeziehung bestehen, selbst wenn die eigenen Geschäftstätigkeiten, Produkte und Dienstleistungen des Unternehmens nicht zu den negativen Effekten beitragen.

69. Umweltauswirkungen können mehrere Verursacher haben und miteinander zusammenhängen oder auch isoliert auftreten; sie können örtlich begrenzt sein oder einen grenzüberschreitenden Charakter haben. Nicht alle diese Effekte sind gut erforscht: Ausmaß, Art und Ursache mancher Umweltauswirkungen werfen noch Fragen auf, entwickeln sich noch oder sind sogar noch gänzlich unbekannt. Deshalb werden es die verfügbaren wissenschaftlichen Erkenntnisse und Informationen nur in manchen Fällen erlauben zu beurteilen, in welchem Umfang ein Unternehmen zu einer negativen Umweltauswirkung beiträgt. In anderen Fällen hingegen wird sich eine solche Einschätzung als schwierig erweisen; dann gilt es für die Zwecke dieser *Leitsätze* zu berücksichtigen, inwieweit die Aktivitäten des Unternehmens allgemein als gute Umweltpraktiken anerkannten Standards, Verfahren im Bereich Umweltmanagement und Umweltschutzmaßnahmen entsprechen, die Maßstäbe und Standards geltender Umweltschutzbestimmungen und Regulierungsrahmen eingehalten werden und einschlägigen internationalen Übereinkommen Rechnung getragen wird.

70. Häufig bestehen enge Verbindungen zwischen negativen Umweltauswirkungen und anderen in den *Leitsätzen* behandelten Themen wie Gesundheit und Sicherheit, Auswirkungen auf Beschäftigte und Bevölkerungsteile, Zugang zu Lebensgrundlagen oder Eigentums-, Besitz- und Nutzungsrechte an Land. Darüber hinaus bedingt die Durchführung umweltbezogener Due-Diligence-Prüfungen und der Umgang mit negativen Umweltauswirkungen nicht selten auch die Beachtung einer Vielzahl von umwelt-, sozial- und entwicklungspolitischen Prioritäten. Insbesondere berücksichtigt die Präambel des Pariser Klimaabkommens das Erfordernis, im Einklang mit den nationalen Entwicklungsprioritäten den Strukturwandel gerecht zu gestalten, die Bedürfnisse der Erwerbstätigen zu beachten, menschenwürdige Arbeit zu fördern

und hochwertige Arbeitsplätze zu schaffen. Sie erkennt an, dass die Vertragsparteien ihre jeweiligen Verpflichtungen achten, fördern und berücksichtigen sollten, wenn sie gegen Klimaänderungen vorgehen. Diesbezüglich ist es wichtig, dass die Unternehmen im Zusammenhang ihres Umweltmanagements und ihrer Due-Diligence-Aktivitäten soziale Folgen beurteilen und thematisieren sowie Maßnahmen ergreifen, um negative Auswirkungen zu vermeiden und zu mindern, und zwar bei ihrer Abkehr von umweltschädlichen Praktiken ebenso wie bei ihrer Hinwendung zu grüneren Industriezweigen oder Praktiken wie dem Einsatz von erneuerbaren Energieträgern. Von Bedeutung ist dabei vor allem, die Arbeitnehmerrechte zu achten, sich (wie in Kapitel V dargelegt) am sozialen Dialog und an der Tarifpartnerschaft zu beteiligen, den konstruktiven Austausch mit den relevanten Akteuren zu suchen und, falls nötig, Geschäftsbeziehungen (wie in Kapitel II dargelegt) aus Gründen der unternehmerischen Verantwortung abzubrechen.

71. Zusätzlich zur Verbesserung der Umweltleistung kann die Einrichtung eines Umweltmanagementsystems den Unternehmen auch einen ökonomischen Nutzen bringen, indem es die Betriebs- und Versicherungskosten senkt, einen sparsameren Energie- und Ressourceneinsatz erlaubt, den regulierungs- und haftungsbedingten Aufwand reduziert, die Nachhaltigkeit und Resilienz erhöht, den Zugang zu Kapital und Kompetenzen erleichtert, eine höhere Kundenzufriedenheit gewährleistet und die Beziehungen zu Gemeinschaften und der gesamten Öffentlichkeit verbessert.

72. Zur Due Diligence gehört auch, über die Umweltauswirkungen, die mit den Geschäftstätigkeiten, Produkten und Dienstleistungen eines Unternehmens verbunden sind, zu informieren sowie die beteiligten Akteure konstruktiv einzubeziehen. Dabei kann es sich auch um gesetzliche Pflichten handeln. Umweltbezogene Berichtsstandards wie die Global Reporting Initiative liefern dafür hilfreiche Bezugspunkte. Siehe hierzu auch Kapitel III zum Thema Offenlegung. Es ist ausgesprochen wichtig, beteiligte Akteure und die breite Öffentlichkeit konstruktiv einzubinden und mit ihnen zu kommunizieren, wenn sie von den Umweltauswirkungen betroffen sind oder sein könnten und wenn knappe oder gefährdete Umweltgüter auf dem Spiel stehen, sei es in einem regionalen, nationalen oder internationalen Kontext. Zu den beteiligten Akteuren können Beschäftigte, Kunden, Investoren, Lieferanten und Auftragnehmer gehören, aber auch die lokale Bevölkerung sowie vulnerable oder sozial ausgegrenzte Einzelpersonen oder Gruppen, Personen mit legitimen Landrechten oder anderen besonderen Rechten oder auch indigene Völker.

73. Die Unternehmen werden dazu angehalten, nachhaltige Verbrauchs- und Produktionsmuster zu etablieren, indem sie die Ressourceneffizienz erhöhen und sich an Modellen wie dem der Kreislaufwirtschaft orientieren. Diese Praktiken erlauben ihnen, ihre negativen Umweltauswirkungen deutlich zu senken. Bei Ressourceneffizienz geht es darum, Ressourcen effizienter und effektiver einzusetzen. Auch die umweltschonende Versorgung mit Rohstoffen fällt darunter. Die Ansätze der Kreislaufwirtschaft können ebenfalls eine Rolle spielen, da sie einen möglichen Weg hin zu nachhaltiger Entwicklung darstellen. Bei der Kreislaufwirtschaft handelt es sich um ein auf die nationalen Prioritäten und Gegebenheiten abgestimmtes Modell, bei dem Produkte und Werkstoffe so konzipiert sind, dass sie wiederverwendet, repariert, wiederaufbereitet, recycelt oder wiedergewonnen werden können. Dadurch bleiben sie und die Ressourcen, aus denen sie bestehen, der Wirtschaft so lange wie möglich erhalten, während Abfall (insbesondere gefährlicher Abfall) vermieden oder weitestgehend verringert wird und Treibhausgasemissionen verhindert werden oder sinken.

74. Die grundlegende Prämisse der *Leitsätze* lautet: Die Unternehmen sollten so früh wie möglich und proaktiv handeln, um negative Umweltauswirkungen zu verhindern.

75. Die *Leitsätze* dienen nicht dem Zweck, vorhandene Instrumente neu zu interpretieren oder neue Verpflichtungen bzw. Präzedenzfälle für die Regierungen zu schaffen – sie sind lediglich als Empfehlung für die Umsetzung des Vorsorgeprinzips auf Unternehmensebene gedacht. Es wird anerkannt, dass sie einen Ansatz darstellen, der ein gewisses Maß an Flexibilität erfordert und sich an den Umständen des jeweiligen Einzelfalls orientieren sollte. Ferner wird anerkannt, dass es Aufgabe der Regierungen ist,

diesem Ansatz im Lichte ihrer Möglichkeiten einen Rahmen zu geben und sich mit den beteiligten Akteuren regelmäßig über das am besten geeignete weitere Vorgehen zu beraten. Dabei gilt es, Transparenz und einen wissenschaftlich fundierten Ansatz zu gewährleisten.

76. Die Unternehmen spielen eine wichtige Rolle, wenn es darum geht, einen Beitrag zur Treibhausgasneutralität und zu einer klimaresilienten Wirtschaft zu leisten, sodass die international vereinbarten Ziele für Klimaschutz und -anpassung erreicht werden können. Während der Transformation in Richtung Treibhausgasneutralität werden viele Geschäftstätigkeiten weiterhin dazu führen, dass bestimmte Mengen an Treibhausgasen ausgestoßen oder Kohlenstoffsenken verringert werden. Die Unternehmen sollten aber gewährleisten, dass diese Auswirkungen gemäß dem wissenschaftlichen Kenntnisstand mit den international vereinbarten globalen Temperaturzielen und u. a. den Einschätzungen des Zwischenstaatlichen Ausschusses für Klimaänderungen (Intergovernmental Panel on Climate Change – IPCC) im Einklang stehen.

77. Dafür gilt es u. a., wissenschaftlich fundierte Maßnahmen, Strategien und Übergangspläne zur Bekämpfung des Klimawandels und zur Klimaanpassung einzuführen und umzusetzen sowie kurz-, mittel- und langfristige Klimaschutzziele festzulegen, umzusetzen und deren Einhaltung zu überwachen und in Berichten festzuhalten. Diese Ziele sollten wissenschaftlich fundiert sein, neben absoluten THG-Reduktionszielen gegebenenfalls auch Intensitätsziele vorsehen und THG-Emissionen in den Scopes 1 und 2 sowie – soweit dies auf der Grundlage der besten verfügbaren Informationen möglich ist – im Scope 3 berücksichtigen. Es wird wichtig sein, regelmäßig über die Einhaltung der Ziele zu berichten sowie sie in Bezug auf ihre Angemessenheit und Relevanz zu überprüfen und zu aktualisieren. Dies sollte auf der Grundlage des wissenschaftlichen Kenntnisstandes erfolgen und sich an der Entwicklung und Aktualisierung der verschiedenen nationalen oder branchenspezifischen Übergangspfade orientieren. Die Unternehmen sollten der Beseitigung oder Reduzierung von Emissionsquellen Vorrang vor Ausgleichs-, Kompensations- oder Neutralisierungsmaßnahmen einräumen. Kohlenstoffzertifikate oder Kompensationsgutschriften können im Umgang mit ungeminderten Emissionen als letztes Mittel in Betracht gezogen werden. Sie sollten aber eine hohe Umweltintegrität aufweisen und nicht vom Ziel der Emissionsreduktion ablenken. Außerdem sollten sie nicht zu einer Festlegung auf treibhausgasintensive Prozesse und Infrastrukturen beitragen. Die Unternehmen sollten über den Gebrauch von Kohlenstoffzertifikaten oder Kompensationsgutschriften sowie über deren relevante Merkmale öffentlich berichten, und zwar als separate Ergänzung zur Berichterstattung über ihre Emissionsminderungen.

78. Die Unternehmen sollten sich für Klimaschutz und Klimaanpassung einsetzen, indem sie gegenüber ihren Lieferanten und anderen Geschäftspartnern ihren Einfluss geltend machen, entsprechende Technologie zu für beide Seiten akzeptablen Bedingungen bereitstellen sowie technische und finanzielle Unterstützung leisten. Dies ist entscheidend, um die gesteckten Ziele zu erreichen und Umweltauswirkungen zu begegnen.

79. Klimaresilienz und -anpassung sind zentrale Elemente der globalen Klimastrategie zum Schutz von Menschen und Ökosystemen. Sie erfordern das Engagement und die Unterstützung aller Gesellschaftsteile. Die Unternehmen sollten Aktivitäten vermeiden, die die Klimaanpassung und Klimaresilienz von Bevölkerungsteilen, Beschäftigten und Ökosystemen untergraben.

80. Der Erhalt der biologischen Vielfalt und die nachhaltige Bewirtschaftung und Nutzung natürlicher Ressourcen und Ökosysteme, wie z. B. Wälder, Meere, Moore und Feuchtgebiete, sind für die Gesundheit und Lebensgrundlagen der Menschen, das Überleben der Arten sowie für Klimaschutz und Klimaanpassung von großer Bedeutung. Die Unternehmen sollten zum Erhalt der Biodiversität, zu deren nachhaltiger Nutzung und zu einem fairen und gerechten Vorteilsausgleich beim Einsatz genetischer Ressourcen beitragen. Außerdem sollten sie Bodendegradation, die Belastung von Meeres- und Süßwasserökosystemen und die Vernichtung von Waldbeständen vermeiden und bekämpfen. Dies sollte in Übereinstimmung mit den *Zielen für nachhaltige Entwicklung* (insbesondere Unterziel 15.2) und dem Strategischen Plan für Wälder 2017–2030 (*Strategic Plan for Forests 2017-2030*) der Vereinten Nationen

sowie der 2021 verabschiedeten Erklärung der Staats- und Regierungschefs von Glasgow zu Wäldern und Landnutzung (*Glasgow Leaders' Declaration on Forests and Land Use*) erfolgen. Diese Übereinkommen haben zum Ziel, den Verlust an Waldflächen und die Bodendegradation bis 2030 aufzuhalten und umzukehren. Die Unternehmen sollten sich auch um eine Intensivierung ihrer Due Diligence im Hinblick auf potenzielle negative Auswirkungen auf die Biodiversität in Nationalparks, Naturreservaten und anderen Schutzgebieten bemühen. Dabei sollten sie u. a. auf UNESCO-Weltnaturerbestätten, im Rahmen des Übereinkommens über die biologische Vielfalt (*Convention on Biological Diversity*) oder nach innerstaatlichem Recht geschützte Gebiete sowie geschützte Tierarten achten. Gegebenenfalls und ihren Möglichkeiten sowie den nationalen Gesetzen vor Ort entsprechend sollten die Unternehmen darüber hinaus zu einer nachhaltigen Land- und Waldbewirtschaftung beitragen, einschließlich Renaturierung, Aufforstung und Wiederaufforstung sowie Verringerung der Landdegradation und der Meer- und Süßwasserbelastung. Die Bemühungen der Unternehmen, negative Auswirkungen auf die Biodiversität zu vermeiden oder zu mindern, sollten sich an der Hierarchie der Schadensminderung orientieren. Die Vermeidung von Beeinträchtigungen der biologischen Vielfalt genießt demnach die höchste Priorität, gefolgt von der Minderung bzw. Minimierung. Nur wenn es sich um unvermeidbare negative Auswirkungen handelt, sollten als letztes Mittel Kompensations- oder Wiederherstellungsmaßnahmen zum Einsatz kommen.

81. Negative Umweltauswirkungen, insbesondere in Bezug auf die biologische Vielfalt und in Form von Landdegradation sowie Meer- und Süßwasserbelastung, können eine Frage der verantwortungsvollen Regulierung von Eigentums-, Besitz- und Nutzungsrechten an Land, Wäldern und Fischgründen sein. In den Freiwilligen Leitlinien für die verantwortungsvolle Regulierung von Eigentums-, Besitz- und Nutzungsrechten an Land, Fischgründen und Wäldern im Rahmen nationaler Ernährungssicherheit (*Voluntary Guidelines on the Responsible Governance of Tenure of Land Fisheries and Forests in the Context of National Food Security – VGGT*) wird dargelegt, dass eine verantwortungsvolle Regulierung von Eigentums-, Besitz- und Nutzungsrechten an Land, Wäldern und Fischgründen die nachhaltige Nutzung der Umwelt fördern kann. In diesem Zusammenhang enthalten die VGGT die Forderung nach Investitionen, die keinen Schaden anrichten, die Inhaber legitimer Eigentums-, Besitz- und Nutzungsrechte vor der Entziehung dieser Rechte schützen und die Umwelt vor Schäden bewahren.

82. Die *Leitsätze* halten die Unternehmen auch dazu an, in sämtlichen Bereichen ihrer Geschäftstätigkeiten auf eine Verbesserung ihres Umweltleistungsniveaus hinzuwirken, selbst wenn sie aufgrund der bestehenden Praktiken der Länder, in denen sie tätig sind, nicht formal dazu verpflichtet sind. In dieser Hinsicht sollten die Unternehmen ihre sozialen und wirtschaftlichen Effekte auf die Entwicklungsländer gebührend berücksichtigen.

83. Multinationale Unternehmen haben z. B. oft Zugang zu verfügbaren und innovativen Technologien oder Betriebsverfahren, deren Anwendung zu einer Verbesserung der gesamten Umweltleistung beitragen könnte. In ihren jeweiligen Geschäftsfeldern gelten multinationale Unternehmen häufig als führend, sodass ihr potenzieller „Demonstrationseffekt" auf andere Unternehmen nicht übersehen werden sollte. Indem gewährleistet wird, dass verfügbare und innovative Technologien und Verfahren auch der Umwelt in den Ländern zugutekommen, in denen die multinationalen Unternehmen tätig sind, werden zugleich die allgemeinen internationalen Investitionsaktivitäten auf bedeutsame Weise gefördert.

84. Den Unternehmen fällt eine wichtige Rolle bei der Schulung und Ausbildung ihrer Beschäftigten und anderer relevanter Akteure im Bereich Umweltmanagement zu. Sie werden dazu angehalten, dieser Verantwortung auf möglichst breiter Basis nachzukommen, vor allem in Bereichen, die die menschliche Gesundheit und Sicherheit unmittelbar betreffen. Außerdem sollten die Unternehmen ihren Geschäftspartnern klare und leicht zugängliche Informationen über ihre Umweltmaßnahmen, -anforderungen und -standards bereitstellen.

85. Die Tierschutzstandards der Unternehmen sollten dem Gesundheitskodex für Landtiere der Weltorganisation für Tiergesundheit (World Organisation for Animal Health – WOAH) entsprechen. Ein

Tier genießt guten Tierschutz, wenn es gesund ist, sich wohlfühlt, gut genährt und sicher ist, nicht unter unangenehmen Zuständen wie Schmerzen, Angst und Stress leidet und Verhaltensweisen ausleben kann, die für sein physisches und mentales Wohlbefinden wichtig sind. Guter Tierschutz erfordert Krankheits-prävention und angemessene tierärztliche Betreuung, Unterbringung, Haltung und Ernährung, ein anregendes und sicheres Umfeld, eine am Tierwohl ausgerichtete Behandlung sowie schonende Schlachtung bzw. Tötung. Die Unternehmen sollten sich auch an die Leitlinien einschlägiger internationaler Organisationen bezüglich des Transports lebender Tiere halten.

VII. Bekämpfung von Bestechung und sonstigen Korruptionsformen

Negative Auswirkungen in den Themenbereichen, die in den *Leitsätzen* behandelt werden, gehen häufig auf Korruption zurück. Indem ein Unternehmen wirksame Antikorruptionsmaßnahmen einführt, leistet es deshalb einen wichtigen Beitrag, um auch andere in den *Leitsätzen* behandelte negative Auswirkungen zu vermeiden. Die Unternehmen sollten jegliche Bestechungs- und sonstige Korruptionshandlungen unterlassen.

Insbesondere sollten sie

1. jede Korruptionshandlung unterlassen, indem sie u. a. weder öffentlichen Amtsträger*innen noch Beschäftigten der Personen oder Einheiten, mit denen die Unternehmen eine Geschäftsbeziehung unterhalten, noch deren Angehörigen oder Geschäftspartner*innen ungerechtfertigte geldwerte oder sonstige Vorteile anbieten, versprechen oder gewähren. Desgleichen sollten die Unternehmen im Umgang mit öffentlichen Amtsträger*innen oder mit Beschäftigten der Personen oder Einheiten, mit denen sie eine Geschäftsbeziehung unterhalten, keine ungerechtfertigten geldwerten oder sonstigen Vorteile verlangen, vereinbaren oder entgegennehmen. Die Unternehmen sollten außerdem keine Dritten und keine anderen Mittler, z. B. in ihrem Auftrag Handelnde, Berater*innen, Vertreter*innen, Vertriebsunternehmen, Konsortien, Auftragnehmer, Zulieferer oder Joint-Venture-Partner, heranziehen, um öffentlichen Amtsträger*innen oder Beschäftigten der Personen oder Einheiten, mit denen die Unternehmen eine Geschäftsbeziehung unterhalten, oder deren Angehörigen oder Geschäftspartner*innen ungerechtfertigte geldwerte oder sonstige Vorteile zukommen zu lassen.
2. angemessene interne Kontrollmechanismen sowie Ethik- und Compliance-Programme bzw. -Maßnahmen zur angemessenen Prävention, Aufdeckung und Bekämpfung von Bestechung und sonstigen Korruptionsformen entwickeln und einführen. Diese sollten auf der Grundlage einer risikoabhängigen Bewertung konzipiert sein, die die besonderen Gegebenheiten des jeweiligen Unternehmens berücksichtigt, namentlich Faktoren, die das Bestechungsrisiko und das Risiko sonstiger Korruptionsformen erhöhen (z. B. in Bezug auf den Standort oder die Branche, andere Fragen verantwortungsvollen unternehmerischen Handelns, die regulatorischen Rahmenbedingungen, die Art der Geschäftsbeziehungen, Geschäfte mit ausländischen Regierungen und die Zusammenarbeit mit Dritten). Diese internen Kontrollmechanismen sowie Ethik- und Compliance-Programme bzw. -Maßnahmen sollten auch einen Katalog von finanziellen und Rechnungslegungsverfahren umfassen. Dieser sollte u. a. ein internes Kontrollsystem vorsehen, das angemessen gestaltet ist, sodass Geschäftsbücher, Register über Interessenkonflikte, Belege und Konten ordnungsgemäß und exakt geführt werden und nicht zum Zweck der Bestechung oder der Verschleierung von Bestechung oder sonstigen Korruptionsformen verwendet werden können. Die genannten besonderen Gegebenheiten und Risiken sollten regelmäßig überprüft und gegebenenfalls erneut bewertet werden, um die benötigten Compliance-Ressourcen zu ermitteln, zu gewährleisten, dass die internen Kontrollsysteme sowie Ethik- und Compliance-Programme bzw. -Maßnahmen des jeweiligen Unternehmens entsprechend angepasst werden und weiterhin wirksam sind, und um das Risiko zu mindern, dass das Unternehmen in Bestechung oder sonstige

Korruptionsformen verwickelt wird. Diese internen Kontrollmechanismen sowie Ethik- und Compliance-Programme bzw. -Maßnahmen zur Prävention und Aufdeckung jeglicher Korruptionsformen sollten auch die Durchführung risikoabhängiger Due Diligence umfassen, wie in Kapitel II beschrieben.

3. in ihren internen Betriebsprüfungen sowie Ethik- und Compliance-Programmen bzw. -Maßnahmen den Einsatz von kleineren Beschleunigungszahlungen (*facilitation payments*), die im Allgemeinen in den Ländern, in denen sie geleistet werden, rechtswidrig sind, verbieten oder davon abraten, und wenn solche Zahlungen geleistet werden, sie in der Buchführung und Rechnungslegung angemessen verzeichnen.

4. unter Berücksichtigung der unternehmensspezifischen Risiken in Bezug auf Bestechung und sonstige Korruptionsformen gewährleisten, dass im Auftrag der Unternehmen Handelnde bei der Einstellung einer hinreichend dokumentierten Due-Diligence-Prüfung unterworfen sowie angemessen und regelmäßig kontrolliert werden, und sicherstellen, dass die Vergütung der im Auftrag der Unternehmen Handelnden angemessen ist und ausschließlich für legitime Dienstleistungen gezahlt wird. Gegebenenfalls sollten die Unternehmen im Einklang mit den geltenden Offenlegungspflichten eine stets aktuell gehaltene Liste der in ihrem Auftrag Handelnden, die für Geschäftsvorfälle mit öffentlichen Stellen und staatlichen Unternehmen eingesetzt werden, führen und den zuständigen Behörden zur Verfügung stellen. Die Unternehmen sollten Maßnahmen ergreifen, um zu gewährleisten, dass die in ihrem Auftrag Handelnden im Umgang mit öffentlichen Amtsträger*innen widerrechtliche Einflussnahme vermeiden und sich an Berufsgrundsätze halten.

5. die Transparenz ihrer Aktivitäten zur Bekämpfung von Bestechung und sonstigen Korruptionsformen verbessern und eine Integritätskultur fördern. Die diesbezüglichen Maßnahmen können umfassen: *i)* Unterstützung und Engagement in konsequenter, ausdrücklicher und sichtbarer Weise durch den Aufsichtsrat oder ein vergleichbares Kontrollorgan und die Unternehmensleitung für die internen Kontrollmechanismen des Unternehmens sowie seine Ethik- und Compliance-Programme, *ii)* klar formulierte und sichtbare Unternehmensrichtlinien, die Bestechung und sonstige Korruptionsformen verbieten und für alle Beschäftigten und einschlägigen Dritten leicht zugänglich sind, u. a. auch für ausländische Tochtergesellschaften, im Auftrag des Unternehmens Handelnde und andere Mittler und *iii)* die Offenlegung der Managementsysteme und internen Kontrollmechanismen sowie der Ethik- und Compliance-Programme bzw. -Maßnahmen, die das Unternehmen eingeführt hat, um diese Verpflichtungen zu erfüllen. Die Unternehmen sollten auch Transparenz gegenüber der Öffentlichkeit und den Dialog mit ihr pflegen, um sie stärker für Bestechung und sonstige Korruptionsformen zu sensibilisieren und ihre Mitarbeit bei deren Bekämpfung zu fördern. Unbeschadet nationaler Gesetze und Auflagen sind die Unternehmen aufgerufen, jegliches Fehlverhalten in Bezug auf Bestechung und sonstige Korruptionsformen sowie ihre Maßnahmen im Umgang mit entsprechenden Verdachtsfällen offenzulegen. Diese Maßnahmen können beispielsweise Prozesse zur Ermittlung, Untersuchung und Meldung von Fehlverhalten sowie ernsthafte und proaktive Zusammenarbeit mit den Strafverfolgungsbehörden umfassen.

6. ihre Beschäftigten sowie Personen oder Einheiten, zu denen Geschäftsbeziehungen unterhalten werden, für die Unternehmensrichtlinien und internen Kontrollmechanismen sowie die Ethik- und Compliance-Programme bzw. -Maßnahmen gegen Bestechung und sonstige Korruptionsformen sensibilisieren und zu deren Einhaltung anhalten, indem diese Richtlinien, Programme oder Maßnahmen angemessen bekannt gemacht werden sowie Schulungsprogramme und Disziplinarverfahren durchgeführt werden, die bestehende sprachliche, kulturelle und technologische Barrieren berücksichtigen.

7. keine illegalen Spenden an Kandidat*innen für ein öffentliches Amt, an politische Parteien oder an sonstige Organisationen mit Verbindungen zu politischen Parteien oder Kandidat*innen leisten. Bei politischen Spenden sollte eine strenge Einhaltung der nationalen Gesetze inkl. geltender

Offenlegungsvorschriften gewährleistet sein; außerdem sollten diese Zuwendungen die Zustimmung der Unternehmensleitung voraussetzen. Darüber hinaus sollten Beschäftigte nicht unter Druck gesetzt werden, bestimmte politische Kandidat*innen oder Organisationen zu unterstützen.

Erläuterungen zu Kapitel VII: Bekämpfung von Bestechung und sonstigen Korruptionsformen

86. Der Ausdruck „Bestechung und sonstige Korruptionsformen" sollte in Übereinstimmung mit den nachfolgend aufgeführten Instrumenten interpretiert werden. Korruption umfasst dabei u. a. die Bestechung öffentlicher Amtsträger*innen oder der Beschäftigten von Personen oder Einheiten, zu denen Geschäftsbeziehungen unterhalten werden. Der Begriff kann sich auch auf missbräuchliche Einflussnahme, Veruntreuung sowie den Missbrauch von Finanzierungen und wohltätigen Spenden beziehen. Die Unternehmen sollten z. B. weder direkt noch indirekt Bestechungsgelder oder sonstige ungerechtfertigte Vorteile anbieten, versprechen, gewähren oder fordern, um einen Auftrag oder einen sonstigen unbilligen Vorteil zu erlangen oder zu behalten. Die Unternehmen sollten auch keinen Bestechungsgeldforderungen oder Schmiergelderpressungen nachgeben. Zwar erfüllt ein Interessenkonflikt für sich genommen noch nicht den Korruptionstatbestand, aber es wird zunehmend anerkannt, dass Konflikte zwischen persönlichen Interessen und öffentlichen Pflichten von Amtsträger*innen möglicherweise zu Korruption führen können, wenn sie nicht angemessen gehandhabt werden. Das *Übereinkommen über die Bekämpfung der Bestechung ausländischer Amtsträger im internationalen Geschäftsverkehr [OECD/LEGAL/0293]* (*OECD-Übereinkommen zur Bekämpfung der Bestechung*) trat am 15. Februar 1999 in Kraft. Das *OECD-Übereinkommen zur Bekämpfung der Bestechung*, die *Empfehlung des Rates zur weiteren Bekämpfung der Bestechung ausländischer Amtsträger im internationalen Geschäftsverkehr [OECD/LEGAL/0378]* (die *Empfehlung gegen Bestechung*), die Empfehlung des Rates über steuerliche Maßnahmen zur weiteren Bekämpfung der Bestechung ausländischer Amtsträger*innen im internationalen Geschäftsverkehr *[Recommendation on Tax Measures for Further Combating Bribery of Foreign Public Officials in International Business Transactions, OECD/LEGAL/0371]*, die Empfehlung des Rates zu Bestechung und für öffentlich unterstützte Exportkredite *[Recommendation on Bribery and Officially Supported Export Credits, OECD/LEGAL/0447]* und die Empfehlung des Rates für Akteure der Entwicklungszusammenarbeit hinsichtlich des Managements von Bestechungsrisiken *[Recommendation for Development Co-operation Actors on Managing the Risk of Corruption, OECD/LEGAL/0431]* bilden die Hauptinstrumente der OECD, die aktive Auslandsbestechung zum Gegenstand haben. Gemeinsam zielen sie darauf ab zu verhindern, dass ausländischen Amtsträger*innen Bestechungsgelder angeboten werden, wobei jedes Land für die Aktivitäten seiner Unternehmen sowie alle Vorgänge innerhalb seines Staatsgebiets zuständig ist.[2] Um die umfassende Umsetzung des *OECD-Übereinkommens zur Bekämpfung der Bestechung* und dieser mit

[2] Das *OECD-Übereinkommen zur Bekämpfung der Bestechung* definiert Auslandsbestechung als einen Tatbestand, bei dem eine Person „unmittelbar oder über Mittelspersonen einem ausländischen Amtsträger vorsätzlich, um im internationalen Geschäftsverkehr einen Auftrag oder einen sonstigen unbilligen Vorteil zu erlangen oder zu behalten, einen ungerechtfertigten geldwerten oder sonstigen Vorteil für diesen Amtsträger oder einen Dritten anbietet, verspricht oder gewährt, damit der Amtsträger im Zusammenhang mit der Ausübung von Dienstpflichten eine Handlung vornimmt oder unterläßt [sic]". In den Erläuterungen zum *OECD-Übereinkommen zur Bekämpfung der Bestechung* (Ziffer 9) wird ferner präzisiert: „Kleinere Zahlungen zur ‚Erleichterung' sind keine Zahlungen im Sinne von Absatz 1, die geleistet werden, um ‚einen Auftrag oder einen sonstigen unbilligen Vorteil zu erlangen oder zu behalten', und sie stellen mithin keinen Verstoß im Sinn dieser Bestimmung dar. Derartige Zahlungen, die in manchen Ländern geleistet werden, um Amtsträger*innen zu veranlassen, ihre Aufgaben wahrzunehmen, wie beispielsweise Genehmigungen oder Erlaubnisse zu erteilen, sind in dem betreffenden anderen Staat im Allgemeinen rechtswidrig. Andere Staaten können und sollen dieser schädlichen Erscheinung begegnen, indem sie z. B. Programme zur guten Regierungsführung unterstützen." Die *Empfehlung gegen Bestechung* (Abschnitt XIV, Ziffer i) empfiehlt, dass die Mitgliedstaaten „sich verpflichten, ihre Politik und ihren Ansatz in Bezug auf kleine Beschleunigungszahlungen regelmäßig zu überprüfen, um das Phänomen effektiv zu bekämpfen".

ihm verbundenen Instrumente durch die zustimmenden Länder voranzubringen, wurde ein Programm eingerichtet, das die Umsetzung rigoros und systematisch überwacht. Weitere Korruptionshandlungen und Integritätsrisiken behandeln die *Empfehlung des Rates zu Integrität im öffentlichen Leben [OECD/LEGAL/0435]*, die Empfehlung des Rates zu den Grundsätzen für Transparenz und Integrität in der Lobbyarbeit *[Recommendation on Principles for Transparency and Integrity in Lobbying, OECD/LEGAL/0379]*, die *Empfehlung des Rates zu den OECD-Leitlinien für die Behandlung von Interessenkonflikten im öffentlichen Dienst [OECD/LEGAL/0316]* und die Empfehlung des Rates zu den Leitlinien für Korruptionsbekämpfung und Integrität in staatseigenen Unternehmen *[Recommendation on Guidelines on Anti-Corruption and Integrity in State-Owned Enterprises, OECD/LEGAL/0451]*.

87. Korruption wirkt sich schädlich auf demokratische Institutionen und eine gute Unternehmensführung aus. Sie verhindert Investitionen und verzerrt die internationalen Wettbewerbsbedingungen. Neben diesen volkswirtschaftlichen Folgen hat Korruption möglicherweise weitere schädliche Auswirkungen, z. B. kann sie die globale Stabilität untergraben, die Durchsetzung von Umweltstandards und Arbeitnehmerrechten verhindern oder die Bereitstellung nicht normgerechter Waren mit sich bringen. So wird insbesondere durch die Umlenkung von Mitteln mithilfe korrupter Praktiken das Streben der Bürger nach einer Steigerung ihres wirtschaftlichen, sozialen und ökologischen Wohlergehens untergraben. Korruption schadet marginalisierten oder besonders schutzbedürftigen Gruppen oder Bevölkerungsteilen unverhältnismäßig stark, außerdem kann sie geschlechtsspezifische Ungleichheiten verstärken. Die Unternehmen können bei der Bekämpfung dieser Praktiken einen wichtigen Beitrag leisten, indem sie überlappende Formen struktureller Diskriminierung, z. B. aufgrund von Ethnizität, Abstammung, Geschlecht oder sexueller Orientierung, bei der Einführung von Kontrollmechanismen sowie Ethik- oder Compliance-Programmen berücksichtigen.

88. Redlichkeit, Integrität und Transparenz im öffentlichen wie auch im privaten Sektor sind von grundlegender Bedeutung für die Bekämpfung von Bestechung und sonstigen Korruptionsformen. Die Wirtschaft, Nichtregierungsorganisationen, Regierungen und internationale Organisationen sollten gemeinsam daran arbeiten, die Unterstützung der Öffentlichkeit für Antikorruptionsmaßnahmen zu erhöhen, für mehr Transparenz zu sorgen und die Allgemeinheit stärker für Korruption und Bestechung zu sensibilisieren. Die Einführung zweckmäßiger Corporate-Governance-Praktiken stellt ebenfalls ein wesentliches Element zur Förderung einer Kultur ethischer Werte in Unternehmen dar.

89. In der *Empfehlung gegen Bestechung* werden die Regierungen insbesondere aufgefordert, ihre Unternehmen dazu anzuhalten, angemessene interne Kontrollmechanismen sowie Ethik- und Compliance-Programme bzw. -Maßnahmen zum Zweck der Prävention und Aufdeckung von Bestechung ausländischer Amtsträger*innen unter Berücksichtigung der in Anhang II der *Empfehlung gegen Bestechung* enthaltenen *Leitlinien für empfehlenswerte Verfahrensweisen in den Bereichen interne Kontrollsysteme, Ethik und Compliance* zu entwickeln und einzuführen. Diese *Leitlinien für empfehlenswerte Verfahrensweisen* richten sich gleichermaßen an private und staatseigene Unternehmen sowie an Wirtschafts- und Berufsverbände. Sie heben Verfahrensweisen hervor, die sich gut eignen, um die Wirksamkeit interner Kontrollsysteme sowie von Ethik- und Compliance-Programmen bzw. -Maßnahmen zur Prävention und Aufdeckung von Auslandsbestechung zu gewährleisten und um hinweisgebende Personen zu schützen. Die Leitlinien sind flexibel und sollen von Unternehmen, insbesondere von kleinen und mittleren Unternehmen, entsprechend ihren jeweiligen Gegebenheiten, einschließlich ihrer Größe, Art und Rechtsform, ihres geografischen und branchenspezifischen Tätigkeitsgebiets sowie den Grundsätzen ihrer Rechtsordnung, angepasst werden. Darüber hinaus sollten die internen Kontrollmechanismen sowie Ethik- und Compliance-Programme bzw. -Maßnahmen in Bezug auf Korruption zur Erfüllung dieser *Leitsätze* auch die Durchführung risikoabhängiger Due Diligence gemäß den Empfehlungen in Kapitel II umfassen.

90. Kollektive Maßnahmen und die konstruktive Einbindung von zivilgesellschaftlichen Organisationen und Wirtschafts- und Berufsverbänden auf lokaler und internationaler Ebene sowie von internationalen Organisationen kann den Unternehmen ebenfalls helfen, wirksame Maßnahmen zur Korruptions-

bekämpfung zu konzipieren und umzusetzen sowie mit Korruptionsrisiken umzugehen, die sich nicht auf der Ebene des einzelnen Unternehmens mindern lassen.

91. Das *Übereinkommen der Vereinten Nationen gegen Korruption* (UNCAC), das am 14. Dezember 2005 in Kraft trat, enthält ein breites Spektrum an Standards, Maßnahmen und Regeln zur Korruptionsbekämpfung. Gemäß dem Übereinkommen müssen die Vertragsstaaten ihren Amtsträger*innen verbieten, Bestechungsgelder anzunehmen; außerdem müssen sie ihren Unternehmen untersagen, öffentlichen Amtsträger*innen im In- und Ausland oder Vertreter*innen von öffentlichen internationalen Organisationen Bestechungsgelder anzubieten. Die Vertragsstaaten verpflichten sich außerdem, ein Verbot von Bestechung innerhalb der Privatwirtschaft in Erwägung zu ziehen. Dieses Übereinkommen der Vereinten Nationen und das *OECD-Übereinkommen zur Bekämpfung der Bestechung* unterstützen und ergänzen sich gegenseitig.

92. Was die passive Bestechung betrifft, so sind gute Regierungs- und Verwaltungspraktiken eine wichtige Voraussetzung dafür, dass die Unternehmen erst gar nicht zur Zahlung von Bestechungsgeldern aufgefordert werden. Die Regierungen der Ursprungs- ebenso wie der Gastländer sollten Unternehmen, die mit Bestechungsgeldforderungen oder sonstigen Korruptionsformen konfrontiert sind, ihre Unterstützung zuteilwerden lassen, die maßgeblichen Amtsträger*innen sensibilisieren und schulen, die Förderung kollektiver Maßnahmen und Initiativen mit Vertreter*innen des privaten und öffentlichen Sektors sowie mit Organisationen der Zivilgesellschaft ins Auge fassen und gegebenenfalls konzertierte Aktionen gegen die Forderung und Annahme von Bestechungsgeldern durchführen. Gemäß den in Anhang I der *Empfehlung gegen Bestechung* enthaltenen *Leitlinien für empfehlenswerte Verfahrensweisen zur Umsetzung bestimmter Artikel des Übereinkommens* sollte das *OECD-Übereinkommen zur Bekämpfung der Bestechung* so umgesetzt werden, dass es bei Bestechungsgeldforderungen ausländischer Amtsträger*innen weder Verteidigungsgründe noch Ausnahmen zulässt. Darüber hinaus ist in dem Übereinkommen der Vereinten Nationen gegen Korruption vorgesehen, dass Bestechungsgeldforderungen inländischer Amtsträger*innen als Straftatbestand behandelt werden.

VIII. Verbraucherinteressen

Die Unternehmen sollten bei ihren Beziehungen zu den Verbraucher*innen faire Geschäfts-, Marketing- und Werbepraktiken anwenden und alle zumutbaren Maßnahmen treffen, um die Qualität und Zuverlässigkeit der von ihnen angebotenen Waren und Dienstleistungen zu gewährleisten. Sie sollten insbesondere

1. sicherstellen, dass die von ihnen angebotenen Waren und Dienstleistungen allen vereinbarten bzw. gesetzlich vorgeschriebenen Normen im Hinblick auf die Gesundheit und Sicherheit der Verbraucher*innen entsprechen, namentlich jenen, die Warnungen vor Gesundheitsrisiken sowie Sicherheitshinweise betreffen. Ferner sollten sie gewährleisten, dass die Waren und Dienstleistungen kein unzumutbares Risiko für die Gesundheit und Sicherheit der Verbraucher*innen darstellen, wenn sie in vorhersehbarer Weise sachgemäß, unsachgemäß oder missbräuchlich verwendet werden.
2. korrekte, überprüfbare und klare Informationen bereitstellen, die die Verbraucher*innen hinreichend in die Lage versetzen, fundierte Entscheidungen zu treffen. Unter anderem sollten sie sich über die Preise und gegebenenfalls die Zusammensetzung, Anwendungssicherheit, Umwelteigenschaften, Wartung, Lagerung und Entsorgung der Waren und Dienstleistungen informieren können und Datenschutzhinweise, andere wichtige Offenlegungen in Bezug auf den elektronischen Geschäftsverkehr sowie Informationen über verfügbare Streitbeilegungs- und Abhilfeverfahren zur Kenntnis nehmen können. Die bereitgestellten Informationen sollten verständlich und leicht zugänglich, in einfacher Sprache formuliert und barrierefrei sein. Darüber hinaus sollten sie soweit möglich in einer Weise bereitgestellt werden, die es den Verbraucher*innen erleichtert, verschiedene Produkte miteinander zu vergleichen.
3. den Verbraucher*innen Zugang zu fairen, benutzerfreundlichen, zügigen und wirksamen außergerichtlichen Streitbeilegungs- und Abhilfeverfahren bieten, die keine unnötigen Kosten oder Belastungen verursachen.
4. von Darstellungen, Auslassungen oder sonstigen Praktiken absehen, die die Verbraucher*innen möglicherweise täuschen, irreführen, betrügen, unfair behandeln oder ihre Wahlfreiheit anderweitig untergraben, sodass sie oder der Wettbewerb geschädigt werden.
5. die Anstrengungen zur Förderung der Verbraucherbildung in den Bereichen stützen, die mit den Geschäftstätigkeiten der Unternehmen im Zusammenhang stehen, um u. a. die Fähigkeit der Verbraucher*innen zu verbessern, *i)* fundierte Entscheidungen in Bezug auf komplexe Waren, Dienstleistungen und Märkte zu treffen, *ii)* die wirtschaftlichen, ökologischen und sozialen Folgen ihrer Entscheidungen besser zu verstehen und *iii)* zu einem nachhaltigen Konsum beizutragen.
6. die Privatsphäre der Verbraucher*innen schützen, indem sie dafür sorgen, dass ihre Praktiken zur Erhebung und Verwendung von Verbraucherdaten rechtmäßig, transparent und fair sind, den Verbraucher*innen Beteiligungs- und Wahlmöglichkeiten bieten sowie alle angemessenen Maßnahmen ergreifen, um die Sicherheit der erhobenen, gespeicherten, verarbeiteten oder verbreiteten personenbezogenen Daten zu gewährleisten.
7. uneingeschränkt mit den zuständigen öffentlichen Stellen zusammenarbeiten, um missbräuchliche oder täuschende Marketingpraktiken (einschließlich irreführender Werbung und Handelsbetrug) zu unterbinden bzw. zu bekämpfen und gravierende Bedrohungen für die öffentliche Gesundheit und

Sicherheit oder die Umwelt, die durch den Verbrauch, die Verwendung oder die Entsorgung ihrer Waren und Dienstleistungen entstehen, zu mindern bzw. zu vermeiden.

8. bei der Anwendung der oben genannten Grundsätze *i)* die Bedürfnisse aller und vor allem besonders schutzbedürftiger und benachteiligter Verbraucher*innen beachten sowie *ii)* die spezifischen Herausforderungen berücksichtigen, die der elektronische Geschäftsverkehr für die Verbraucher*innen mit sich bringen kann.

Erläuterungen zu Kapitel VIII: Verbraucherinteressen

93. Das Kapitel der *Leitsätze* über die Verbraucherinteressen stützt sich auf die Arbeiten des OECD-Ausschusses für Verbraucherpolitik und des OECD-Kapitalmarktausschusses, auf einschlägige OECD-Standards im Bereich Verbraucherschutz, auf die Arbeiten anderer Organisationen wie der Internationalen Handelskammer, der Internationalen Organisation für Normung sowie der Vereinten Nationen, u. a. auf deren Umweltprogramm (d. h. die Richtlinien der Vereinten Nationen für den Verbraucherschutz), und auf einschlägige Instrumente wie den Kodex der Internationalen Handelskammer zur Werbe- und Marketingkommunikation hinsichtlich internationaler Werbung und verantwortungsvollem Marketing.

94. In diesem Kapitel wird anerkannt, dass Verbraucherzufriedenheit und damit zusammenhängende Interessen eine wesentliche Grundlage für die erfolgreiche Geschäftstätigkeit der Unternehmen bilden. Dem Kapitel liegt außerdem die Erkenntnis zugrunde, dass die Märkte, auf denen die Konsument*innen Waren und Dienstleistungen erwerben, im Zeitverlauf einen starken Wandel erfahren haben. Regulierungsreformen, die Öffnung der Weltmärkte, die Umgestaltung der digitalen und Finanzdienstleistungen durch neue technologische Entwicklungen sowie das Wachstum der Verbraucherdienstleistungen waren die Hauptfaktoren für diesen Wandel: Sie erschlossen den Verbraucher*innen die Vorteile eines offeneren Wettbewerbs und erweiterten insbesondere ihre Wahlmöglichkeiten. Gleichzeitig ist es aber für die Verbraucher*innen angesichts des Tempos des Wandels und der erhöhten Komplexität vieler Märkte im Allgemeinen auch schwieriger geworden, Waren und Dienstleistungen zu vergleichen und zu bewerten. Darüber hinaus haben sich mit der Zeit auch die demografischen Strukturen der Verbrauchernachfrage verändert. Kinder werden als Marktfaktor immer wichtiger, ebenso wie die wachsende Zahl der älteren Erwachsenen. Obwohl das Bildungsniveau der Verbraucher*innen insgesamt gestiegen ist, mangelt es vielen noch immer an den Rechenfertigkeiten und Lesekompetenzen, die auf den komplexen und informationsintensiven Märkten von heute notwendig sind. Ferner interessieren sich viele Verbraucher*innen zunehmend für die Position und die Aktivitäten der einzelnen Unternehmen im Hinblick auf ein breites Spektrum von wirtschaftlichen, sozialen und ökologischen Fragen und sind stärker geneigt, diese Informationen bei der Wahl von Waren und Dienstleistungen zu berücksichtigen.

95. Im einleitenden Abschnitt werden die Unternehmen dazu angehalten, faire Geschäfts-, Marketing- und Werbepraktiken anzuwenden sowie die Qualität und Zuverlässigkeit der von ihnen angebotenen Produkte zu gewährleisten. Es ist zu beachten, dass diese Grundsätze sowohl für Waren als auch für Dienstleistungen gelten.

96. In Ziffer 1 wird hervorgehoben, wie wichtig es für die Unternehmen ist, die vorgeschriebenen Normen im Hinblick auf Gesundheit und Sicherheit zu erfüllen und den Verbraucher*innen sachgerechte Produktinformationen zu Gesundheit und Sicherheit zur Verfügung zu stellen.

97. Ziffer 2 betrifft die Offenlegung von Informationen. Darin werden die Unternehmen dazu aufgefordert, hinreichend Informationen zu liefern, damit die Verbraucher*innen fundierte Entscheidungen treffen können. Die Informationsbereitstellung im Internet sollte auf die Zugriffsmöglichkeiten der Verbraucher*innen zugeschnitten und abgestimmt sein sowie gegebenenfalls auch Informationen über die mit den Produkten verbundenen finanziellen Risiken umfassen. Darüber hinaus sind die Unternehmen in einigen Fällen von Rechts wegen dazu verpflichtet, Informationen in einer Weise bereitzustellen, die es den Verbraucher*innen ermöglicht, direkte Vergleiche zwischen den angebotenen Waren bzw. Dienst-

leistungen anzustellen (z. B. Preis je Einheit). Für den Fall, dass keine direkt anwendbaren Rechtsvorschriften bestehen, werden die Unternehmen dazu angehalten, die Informationen gegenüber den Verbraucher*innen so zu präsentieren, dass sich die Waren bzw. Dienstleistungen leicht miteinander vergleichen lassen und die Verbraucher*innen die Gesamtkosten eines Produkts einfach ermitteln können. Zu bedenken ist, dass sich die Interpretation des Begriffs „hinreichend" im Zeitverlauf verändern kann und die Unternehmen diesen Änderungen Rechnung tragen sollten. Alle produkt-, umwelt- und gesellschaftsbezogenen Aussagen der Unternehmen sollten auf entsprechenden Belegen und gegebenenfalls auf fachgerechten Tests und Prüfungen basieren. Die Aussagen können sich sowohl darauf beziehen, wie ein Produkt erzeugt bzw. eine Dienstleistung bereitgestellt wurde, als auch auf die Eigenschaften des Produkts bzw. der Dienstleistung. In Anbetracht des wachsenden Interesses der Verbraucher*innen an Umweltfragen, sozialen Anliegen und nachhaltigem Konsum sollten gegebenenfalls Informationen über die Umwelteigenschaften oder sozialen Merkmale der Produkte und Dienstleistungen zur Verfügung gestellt werden. Dabei kann es sich z. B. um Informationen über die Energieeffizienz, den Grad der Recyclingfähigkeit, die Lebensdauer und Reparaturfähigkeit von Produkten oder die Nachhaltigkeitseigenschaften von Finanzprodukten und -dienstleistungen handeln, oder auch um Informationen über landwirtschaftliche Praktiken oder Nährwertangaben bei Nahrungsmitteln.

98. Die Verbraucher*innen berücksichtigen zunehmend das unternehmerische Verhalten, wenn sie ihre Kaufentscheidungen treffen. Die Unternehmen werden daher dazu ermutigt, Informationen über Initiativen verfügbar zu machen, mit denen sie bei ihrer Geschäftstätigkeit Gesellschafts- und Umweltbelangen Rechnung tragen, und anderweitig den nachhaltigen Konsum zu unterstützen. Kapitel III der *Leitsätze* über die Offenlegung von Informationen ist in dieser Hinsicht von Bedeutung. Demgemäß werden die Unternehmen dazu angehalten, Erklärungen über ihre Wertgrundsätze bzw. unternehmerischen Verhaltensregeln zu veröffentlichen, einschließlich Informationen über die Unternehmenspolitik in Sozial-, Ethik- und Umweltfragen sowie über andere Verhaltenskodizes, zu denen sich das jeweilige Unternehmen bekennt. Die Unternehmen werden dazu aufgefordert, diese Informationen in leicht verständlicher Sprache verfügbar zu machen und die Richtigkeit aller ihrer Aussagen in Bezug auf ihre Ergebnisse im Umwelt- und Sozialbereich zu gewährleisten. Es wäre zu begrüßen, wenn eine wachsende Zahl an Unternehmen in diesen Bereichen kommunizieren und die Informationen dabei auf die Verbraucher*innen ausrichten würde.

99. Ziffer 3 greift eine Formulierung der Empfehlung des Rates über die Beilegung von Verbraucherbeschwerden und Abhilfeverfahren *[Recommendation on Consumer Dispute Resolution and Redress, OECD/LEGAL/0356]* auf. Diese Empfehlung schafft einen Rahmen für die Entwicklung wirksamer Verfahren zur Bearbeitung von Verbraucherbeschwerden, einschließlich einer Reihe von Maßnahmen, die die Wirtschaft in dieser Hinsicht ergreifen kann. Es hat sich gezeigt, dass die Mechanismen, die viele Unternehmen zur Beilegung von Verbraucherbeschwerden eingerichtet haben, zur Steigerung des Verbrauchervertrauens und der Verbraucherzufriedenheit beigetragen haben. Diese Mechanismen liefern bei Streitfällen möglicherweise praktikablere Lösungen als die Einlegung von Rechtsmitteln, die sich für alle beteiligten Parteien als kostspielig, komplex und langwierig erweisen kann. Damit diese außergerichtlichen Mechanismen wirksam sind, müssen die Verbraucher*innen jedoch auf ihre Existenz aufmerksam gemacht werden. Auch Orientierungshilfen für die Einreichung von Beschwerden dürften sich als hilfreich erweisen, insbesondere wenn die Forderungen grenzüberschreitende oder multidimensionale Geschäftsvorfälle betreffen.

100. Ziffer 4 betrifft täuschende, irreführende, betrügerische oder sonstige unfaire Geschäftspraktiken. Derartige Praktiken können zu Marktverzerrungen zulasten sowohl der Verbraucher*innen als auch der verantwortlichen Unternehmen führen und sollten daher vermieden werden.

101. In Ziffer 5 wird auf die Verbraucherbildung Bezug genommen, die mit der wachsenden Komplexität vieler Märkte und Produkte an Bedeutung gewonnen hat. Die Regierungen, die Verbraucherverbände und viele Unternehmen haben erkannt, dass es sich hierbei um eine gemeinsame Verantwortung handelt und sie in dieser Hinsicht wichtige Rollen spielen können. Die Schwierigkeiten, denen Verbraucher*innen bei

der Bewertung komplexer Produkte im Finanzbereich und auf anderen Gebieten begegnet sind, haben deutlich gemacht, wie wichtig es ist, dass die beteiligten Akteure die Verbraucherbildung gemeinsam fördern, um die Entscheidungsfindung der Verbraucher*innen zu verbessern.

102. Ziffer 6 bezieht sich auf personenbezogene Daten. Die Unternehmen erheben und nutzen immer größere personenbezogene Datenbestände, was große Risiken für die Privatsphäre und das Wohlergehen der Verbraucher*innen bergen kann. Deshalb kommt dem Schutz und der Sicherheit personenbezogener Verbraucherdaten große Bedeutung zu.

103. Ziffer 7 hebt hervor, wie wichtig es ist, dass die Unternehmen mit den zuständigen öffentlichen Stellen zusammenarbeiten, um einen Beitrag zu einer effektiveren Vermeidung bzw. Bekämpfung täuschender Marketingpraktiken zu leisten. Die Zusammenarbeit ist auch erforderlich, um Risiken für die öffentliche Gesundheit und Sicherheit sowie die Umwelt zu mindern bzw. zu vermeiden. Dazu gehören z. B. Risiken, die mit der Entsorgung von Waren ebenso wie mit ihrem Verbrauch und ihrer Verwendung verbunden sind. Damit wird anerkannt, wie wichtig es ist, Risiken für die Sicherheit von Produkten während ihrer gesamten Lebensdauer zu berücksichtigen und zu steuern, insbesondere während der Entwicklungs- und der Produktionsphase, beim Vertrieb, während der Verwendung und bei der Entsorgung.

104. In Ziffer 8 werden die Unternehmen dazu angehalten, der Situation besonders schutzbedürftiger und benachteiligter Verbraucher*innen Rechnung zu tragen, wenn sie Waren und Dienstleistungen vermarkten. Als benachteiligt oder besonders schutzbedürftig gelten in diesem Zusammenhang Verbraucher*innen oder Verbrauchergruppen, die aufgrund persönlicher Eigenschaften oder Umstände (wie Alter, mentale oder physische Kapazität, Bildung, Einkommen, Sprache oder Lage des Wohnorts) auf den heutigen informationsintensiven, globalisierten Märkten möglicherweise besonderen Schwierigkeiten begegnen. In dieser Ziffer wird auch die wachsende Bedeutung hervorgehoben, die mobilen und sonstigen Formen des elektronischen Handels auf den Weltmärkten zukommt. Dieser Handel hat erhebliche und wachsende Vorteile, birgt aber auch Risiken, die zu einer Schädigung von Verbraucher*innen führen können. Die Regierungen haben viel Zeit darauf verwendet, Wege zu finden, einen transparenten und wirksamen Verbraucherschutz zu gewährleisten, der im elektronischen Handel nicht geringer ist als bei traditionelleren Formen des Handels. Deshalb ist es wichtig, dass die Unternehmen Maßnahmen gegen die Risiken des elektronischen Handels ergreifen, sodass das Schutzniveau nicht hinter dem für traditionellere Formen des Handels zurückbleibt.

IX. Wissenschaft, Technologie und Innovation

Wissenschaftliche Forschung und technologische Innovationen haben die Produktivität in allen Wirtschaftssektoren vorangetrieben und die Fähigkeit der Unternehmen verbessert, Due-Diligence-Prüfungen durchzuführen und einen Beitrag zur nachhaltigen Entwicklung zu leisten. Die Unternehmen sollten sich gegebenenfalls am Ausbau der Innovationskapazitäten auf lokaler und nationaler Ebene beteiligen. Bei der Entwicklung, Finanzierung, dem Verkauf, der Lizenzierung, dem Handel und dem Einsatz von Technologie (z. B. wenn Daten erhoben und verwendet werden) sowie im Kontext wissenschaftlicher Forschung und Innovation sollten die Unternehmen die *Leitsätze* beachten und die geltenden nationalen Gesetze und Vorgaben befolgen, einschließlich der Anforderungen an den Schutz der Privatsphäre, der Datenschutzbestimmungen sowie der Exportkontrollvorschriften. Die Unternehmen sollten insbesondere

1. risikoabhängige Due-Diligence-Prüfungen in Bezug auf tatsächliche und potenzielle negative Auswirkungen im Zusammenhang mit Wissenschaft, Technologie und Innovation durchführen, wie in Kapitel II beschrieben.
2. Praktiken einführen, die einen freiwilligen, sicheren und effizienten Transfer von Technologie und Know-how zu gemeinsam vereinbarten Bedingungen ermöglichen, soweit dies im Rahmen ihrer Geschäftstätigkeiten praktikabel ist, sowie den Datenzugriff und -austausch verbessern, um wissenschaftliche Erkenntnisse und Innovationen zu fördern. Dabei gilt es zu gewährleisten, dass geistige Eigentumsrechte, Geheimhaltungspflichten, der Schutz der Privatsphäre und personenbezogener Daten, Exportkontrollvorschriften und Grundsätze der Nichtdiskriminierung gebührend berücksichtigt werden.
3. gegebenenfalls in den Gastländern Entwicklungstätigkeiten im Bereich Wissenschaft und Technologie durchführen, die auf die Bedürfnisse des lokalen Markts zugeschnitten sind. Dabei sollten sie einheimisches Personal beschäftigen sowie dessen Aus- und Weiterbildung unter Berücksichtigung von Integrität, Sicherheit und Markterfordernissen empfehlen und fördern.
4. bei der Vergabe von Lizenzen für die Verwertung von Rechten an geistigem Eigentum oder bei sonstigen Formen des freiwilligen Technologietransfers gemeinsam vereinbarte Bedingungen zugrunde legen, die angemessene Schutzmechanismen zur Vermeidung und Minderung negativer Effekte enthalten. Dabei sollten sie eine Vorgehensweise wählen, die die Aussichten des Gastlandes auf eine langfristig nachhaltige Entwicklung verbessert und Exportkontrollvorschriften einhält.
5. soweit dies für die Geschäftsziele relevant ist, Beziehungen zu lokalen Hochschuleinrichtungen und öffentlichen Forschungsinstituten aufbauen und sich zusammen mit einheimischen Unternehmen oder Industrieverbänden, die kleine und mittlere Unternehmen umfassen, sowie zivilgesellschaftlichen Organisationen an Verbundforschungsprojekten beteiligen. Diese Zusammenarbeit sollte ein wirksames Risikomanagement, ethische Gesichtspunkte, Fragen der nationalen Sicherheit, die geltenden Gesetze sowie Erwägungen beteiligter Akteure berücksichtigen. Ferner sollten der Wert von Open Science anerkannt und Mechanismen zum Schutz der akademischen Freiheit und der Autonomie von Forschung und Wissenschaft respektiert werden.

6. bei Datenerhebung, -austausch und -nutzung die Transparenz der Vereinbarungen über Datenzugriff und -austausch verbessern und die Einführung von verantwortungsvollen Datengovernance-Praktiken fördern, die die gesamte datenbasierte Wertschöpfung abdecken und die Standards und Verpflichtungen erfüllen, die unter den Staaten, die den *Leitsätzen* zugestimmt haben, anwendbar, allgemein anerkannt oder akzeptiert sind. Dazu gehören z. B. Verhaltenskodizes, ethische Grundsätze, Vorschriften in Bezug auf Manipulation und Nötigung von Verbraucher*innen sowie Normen zum Schutz der Privatsphäre und Datenschutzbestimmungen.
7. ihren Umständen entsprechend in geeigneten Foren kooperative Bemühungen für ein offenes, freies, globales, interoperables, zuverlässiges, zugängliches, erschwingliches, sicheres und stabiles Internet unterstützen. Dabei sollten u. a. die Meinungs-, Versammlungs- und Vereinigungsfreiheit im Internet geachtet und die in diesen *Leitsätzen* behandelten Themen gebührend berücksichtigt werden.

Erläuterungen zu Kapitel IX: Wissenschaft, Technologie und Innovation

105. Die Entwicklung und Lizenzierung, der Verkauf und Handel sowie die Nutzung von Technologie haben tiefgreifende Auswirkungen auf die anderen in den *Leitsätzen* behandelten Themen. Sie berühren die nachhaltige Entwicklung, Menschenrechte und wirtschaftliche Teilhabe ebenso wie die Qualität der Demokratie und den sozialen Zusammenhalt oder auch den Klimawandel, die Wirtschafts- und Arbeitswelt und die Marktdynamik. Wissenschaftliche Forschung und technologische Innovationen haben die Produktivität in allen Wirtschaftssektoren vorangetrieben und die Fähigkeit der Unternehmen verbessert, Due-Diligence-Prüfungen durchzuführen und einen Beitrag zur nachhaltigen Entwicklung zu leisten. Allerdings können sie auch Herausforderungen und negative Effekte mit sich bringen.

106. Da dieses Thema einem kontinuierlichen Wandel unterliegt und viele andere Themen berührt, ist der Anwendungsbereich dieses Kapitels als breit und umfassend anzusehen. Dies soll gewährleisten, dass das Kapitel auch in Bezug auf die Risiken zukünftiger Entwicklungen in Wissenschaft, Technologie und Innovation relevant bleibt.

107. In einer wissensbasierten und globalisierten Wirtschaft sind der Zugang zu und die Nutzung von Technologie, Daten und Know-how grundlegend für die Verbesserung von Unternehmensergebnissen. Im Kontext der nachhaltigen Entwicklung spielt dieser Zugang auch für die gesamtwirtschaftlichen Effekte des technologischen Fortschritts, namentlich für Produktivitätssteigerungen und die Schaffung von Arbeitsplätzen, eine wesentliche Rolle.[3] Die multinationalen Unternehmen sind wichtige Träger des grenzüberschreitenden Technologietransfers. Sie können zur Entwicklung der nationalen Innovationskapazität des Gastlands beitragen, indem sie neue Technologien generieren und verbreiten und sogar die Voraussetzungen für deren Anwendung durch inländische Unternehmen und Institutionen schaffen. Die Forschungs- und Entwicklungstätigkeiten multinationaler Unternehmen und Investitionen in neue Technologien können zum wirtschaftlichen und sozialen Fortschritt der Gastländer beitragen, sofern eine gute Verbindung zu deren nationalem Innovationssystem besteht. Im Gegenzug vergrößern die multinationalen Unternehmen ihre Geschäftschancen, wenn sie im Gastland ein dynamisches Innovationssystem entwickeln.

108. Mit diesem Kapitel sollen demnach die multinationalen Unternehmen dazu angehalten werden, die Ergebnisse ihrer Forschungs- und Entwicklungstätigkeiten in den Ländern, in denen sie tätig sind, zu verbreiten und dadurch im Rahmen des wirtschaftlich Machbaren und unter Berücksichtigung von

[3] Die von Regierungen für den Bereich des elektronischen Handels in der Welthandelsorganisation (WTO) vertretenen Positionen bleiben von Ziffer 7 unberührt. Es besteht nicht die Absicht, andere wichtige Interessen staatlicher Politik, die mit der Nutzung des Internets in Zusammenhang stehen und berücksichtigt werden müssten, zu vernachlässigen. Einige Länder haben in dieser Hinsicht auf die *Tunis-Agenda für die Informationsgesellschaft* von 2005 verwiesen.

Wettbewerbserwägungen sowie ihrer Verpflichtungen hinsichtlich Schutz der Privatsphäre, Datenschutz, Sicherheit, Schutz geistigen Eigentums und Geheimhaltung zum Ausbau der Innovationskapazitäten dieser Länder beizutragen. Die Förderung der Technologieverbreitung kann dabei auch die Kommerzialisierung von Produkten und Dienstleistungen umfassen, die auf neuen Technologien basieren, ebenso wie die Lizenzvergabe für Prozessinnovationen, die Einstellung und Aus- und Weiterbildung von Personal in Wissenschaft und Technik oder auch Konzepte für Gemeinschaftsvorhaben in Forschung und Entwicklung. Der Verkauf bzw. die Lizenzierung von Technologien sollten sich nicht nur auf gemeinsam vereinbarte Bedingungen stützen, sondern die multinationalen Unternehmen sollten die langfristigen Entwicklungs- und Umwelteffekte der Technologien sowie ihre Auswirkungen auf die Gesellschaft berücksichtigen. Im Rahmen ihrer Geschäftstätigkeiten können die multinationalen Unternehmen bei ihren internationalen Tochtergesellschaften, Subunternehmen und sonstigen Einheiten, mit denen sie Geschäftsbeziehungen unterhalten, Innovationskapazitäten schaffen und stärken. Darüber hinaus können sie die Aufmerksamkeit auf die Bedeutung der materiellen wie auch institutionellen Infrastruktur für Wissenschaft und Technik in den jeweiligen Ländern lenken. In diesem Zusammenhang können multinationale Unternehmen einen nützlichen Beitrag zu den Anstrengungen der Regierung des jeweiligen Gastlands leisten, einen Aktionsrahmen zu formulieren, der die Entwicklung dynamischer Innovationssysteme fördert.

109. Zu Wissenschaft im Sinne dieser *Leitsätze* zählen u. a. auch Forschung und Exploration. Mit Technologie sind digitale ebenso wie nicht digitale Technologien gemeint. Der Begriff umfasst auch digitale Dienstleistungen sowie digitale Ökosysteme, die die Entwicklung und den Einsatz von Technologien unterstützen. Innovation wird hier verstanden als der Prozess der Neuentwicklung oder Verbesserung eines Produkts, einer Dienstleistung oder eines Verfahrens mit der Absicht, das Ergebnis potenziellen Nutzern zur Verfügung zu stellen oder im Unternehmen einzusetzen.

110. Der Begriff Daten bezieht sich hier (ebenso wie in einschlägigen OECD-Empfehlungen) auf erfasste Informationen in strukturierten oder unstrukturierten Formaten, darunter Text, Bilder oder Ton- und Videomaterial. Datengestützte Innovationen und datenintensive Wissenschaft bieten überaus vielversprechende Ansätze zur Bewältigung großer gesellschaftlicher Herausforderungen. Open-Science-Initiativen und ein besserer Datenzugang haben die Reproduzierbarkeit wissenschaftlicher Ergebnisse, die Verbreitung von Wissen in der Gesellschaft, die interdisziplinäre Zusammenarbeit, die Ressourceneffizienz, die Produktivität und die Wettbewerbsfähigkeit maßgeblich beeinflusst. Grenzüberschreitende Datenströme sind entscheidend, um den internationalen Handel zu fördern, digitale Gräben mittels Informations- und Wissensaustausch zu überbrücken und die nachhaltige Entwicklung zu unterstützen. Ziffer 2 unterstreicht diese Vorteile, allerdings wird auch auf Risiken hingewiesen: Der Diebstahl sowie die unverantwortliche Weitergabe und Nutzung von Daten können die Privatsphäre des*der Einzelnen verletzen und nationale Sicherheitsrisiken darstellen. Die Unternehmen im Datenökosystem, z. B. in der Rolle des Dateninhabers, Datenproduzenten oder Datenmittlers gemäß den Definitionen der Empfehlung des Rates für besseren Datenzugang und -austausch *[Recommendation on Enhancing Access to and Sharing of Data, OECD/LEGAL/0463]*, werden dazu angehalten, hinsichtlich ihrer Verantwortung bei Datenzugriff, -austausch und -nutzung den Inhalt der genannten Empfehlung zu berücksichtigen. Diese zielt darauf ab zu gewährleisten, dass Risikomanagementmaßnahmen umgesetzt werden, die die gesamte datenbasierte Wertschöpfung abdecken und z. B. für den Schutz der Vertraulichkeit, Integrität, Sicherheit und Verfügbarkeit von Daten notwendig sind, insbesondere wenn genetische und andere biologische Daten verwaltet oder Daten an Strafverfolgungsbehörden und andere staatliche Stellen übermittelt werden.

111. Die Erwartungen an die Unternehmen gemäß Ziffer 4 sollten verhältnismäßig sein, damit die vereinbarten Bedingungen keine unbeabsichtigten Folgen haben. Die Unternehmen sollten sich auch bemühen, Situationen zu erkennen, in denen bestimmte Akteure möglicherweise versuchen, den Technologietransfer für den Missbrauch ziviler Technik zu nutzen.

112. Im Einklang mit Kapitel II hängen Art und Umfang der Due-Diligence-Prüfungen in Bezug auf negative Effekte im Zusammenhang mit Wissenschaft, Technologie und Innovation von den spezifischen Umständen des Einzelfalls ab, außerdem sollten sie eine risikoabhängige Priorisierung vorsehen. Dabei sollten auch bekannte oder vernünftigerweise vorhersehbare Umstände berücksichtigt werden, die mit der sachgemäßen oder vernünftigerweise vorhersehbaren unsachgemäßen bzw. missbräuchlichen Verwendung des Produkts oder der Dienstleistung zusammenhängen und zu negativen Effekten führen können.

113. Unternehmen, die an der Entwicklung neuer Technologien oder neuer Anwendungen bereits existierender Technik beteiligt sind, sollten ethische, rechtliche, arbeitsbezogene, soziale und ökologische Herausforderungen, die durch neuartige Technologien entstehen, soweit möglich antizipieren und gegebenenfalls angehen. Außerdem sollten sie verantwortungsvolle Innovationen fördern und mit den Regulierungsbehörden und Arbeitnehmervertreter*innen vor Ort einen Dialog führen und Informationen austauschen. Die Umsetzung der Empfehlungen der *Leitsätze* sieht auch vor, dass die Unternehmen dazu angehalten werden, zusätzliche Orientierungshilfen für den Innovationsprozess zu berücksichtigen. Dazu gehören u. a. einschlägige OECD-Standards im Bereich der künstlichen Intelligenz und der Neurotechnologie, insbesondere die *Empfehlung des Rates zu künstlicher Intelligenz [OECD/LEGAL/0449*] und die Empfehlung des Rates für verantwortungsvolle Innovation in der Neurotechnologie *[Recommendation on Responsible Innovation in Neurotechnology, OECD/LEGAL/0457]*.

114. Für die digitale Sicherheit sind alle beteiligten Akteure verantwortlich, Unternehmen und Kunden ebenso wie der Staat. Verletzungen der Cybersicherheit, z. B. unberechtigte Zugriffe auf Systeme oder Anwendungen, kompromittierte Online-Konten, Datenverlust und Datendiebstahl oder unbefugte Eingriffe in IT-Ressourcen, können Unternehmen, Regierungen und Einzelpersonen schaden, indem sie die Verfügbarkeit, Integrität und/oder Vertraulichkeit von Daten, Informationssystemen und Netzwerken untergraben. Unternehmen sollten Sicherheitsrisiken im Digitalbereich im Einklang mit den anderen Kapiteln der *Leitsätze* managen. Die Grundsätze von Privacy-by-Design, eine starke Verschlüsselung, Protokolle für die Rechte- und Zugriffsverwaltung und andere empfehlenswerte Verfahrensweisen können die Bedrohungen verringern und den Schaden mindern. Die Unternehmen sollten auch die einschlägigen OECD-Standards für den Umgang mit Daten berücksichtigen.

115. Bei allen Tätigkeiten, die die Beteiligung von Kindern und Jugendlichen am digitalen Umfeld oder ihre Beschäftigung damit berühren, sollten die Unternehmen dem Kindeswohl soweit erforderlich vorrangige Beachtung schenken und zur Erfüllung ihrer Sorgfaltspflichten ermitteln, wie die Rechte von Kindern und Jugendlichen geachtet und ihr Wohlergehen im digitalen Umfeld geschützt und gefördert werden können. Diese Erwägungen sollten sie mit geeigneten Maßnahmen und im Einklang mit der Empfehlung des Rates zu Kindern im digitalen Umfeld *[Recommendation on Children in the Digital Environment, OECD/LEGAL/0389]* sowie den *OECD-Leitsätzen für digitale Dienstleister [Guidelines for Digital Service Providers]* umsetzen.

X. Wettbewerb

Die Unternehmen sollten

1. ihre Geschäftstätigkeit unter Beachtung aller geltenden wettbewerbsrechtlichen Bestimmungen ausüben und dabei die Bestimmungen aller Staaten berücksichtigen, in denen die Geschäftstätigkeit möglicherweise wettbewerbshemmende Effekte hat.

2. keine wettbewerbswidrigen Absprachen mit Wettbewerbern treffen bzw. umsetzen, u. a.

   a) keine Preisabsprachen,

   b) keine Submissionsabsprachen,

   c) keine Absprachen über Produktionsbeschränkungen oder -quoten und

   d) keine Aufteilungen von Märkten nach Kunden, Lieferanten, Absatzgebieten oder Sparten.

3. mit den untersuchenden Wettbewerbsbehörden zusammenarbeiten, indem sie u. a. – vorbehaltlich der geltenden Rechtsvorschriften und geeigneter Schutzmaßnahmen – Auskunftsersuchen so rasch und vollständig wie möglich beantworten und den Einsatz aller verfügbaren Instrumente, z. B. gegebenenfalls eines Vertraulichkeitsverzichts, in Erwägung ziehen, um eine effektive und effiziente Zusammenarbeit zwischen den Ermittlungsbehörden zu fördern.

4. ihre Belegschaft regelmäßig für die Bedeutung der Einhaltung aller geltenden wettbewerbsrechtlichen Bestimmungen und Regelungen sensibilisieren und insbesondere die Unternehmensführung in Wettbewerbsfragen schulen.

Erläuterungen zu Kapitel X: Wettbewerb

116. In diesen Empfehlungen wird die Bedeutung der wettbewerbsrechtlichen Bestimmungen für die Gewährleistung gut funktionierender nationaler und internationaler Märkte unterstrichen und erneut bekräftigt, wie wichtig es ist, dass nationale und multinationale Unternehmen diese Bestimmungen einhalten. Ferner zielen die Empfehlungen darauf ab zu gewährleisten, dass alle Unternehmen über wettbewerbsrechtliche Entwicklungen hinsichtlich Geltungsbereich, Rechtsmittel und Sanktionen sowie über den Grad der Zusammenarbeit zwischen den Wettbewerbsbehörden informiert sind. Der Begriff „Wettbewerbsrecht" umfasst u. a. Rechtsvorschriften, die sich gegen Kartelle und Monopole richten, und bezieht sich auf gesetzliche Verbote *a)* wettbewerbswidriger Vereinbarungen, *b)* des Missbrauchs von Marktmacht und marktbeherrschenden Stellungen, *c)* der Erlangung von Marktmacht oder einer marktbeherrschenden Stellung auf anderem Wege als durch effiziente Leistungen und *d)* der erheblichen Schwächung des Wettbewerbs oder der deutlichen Behinderung eines wirksamen Wettbewerbs durch Fusionen oder Übernahmen.

117. Im Allgemeinen verbieten das Wettbewerbsrecht und wettbewerbspolitische Maßnahmen *a)* Hardcore-Kartelle, *b)* sonstige wettbewerbswidrige Vereinbarungen, *c)* wettbewerbswidriges Verhalten, das Marktmacht bzw. marktbeherrschende Stellungen ausnutzt oder ausweitet, und *d)* wettbewerbswidrige Fusionen und Übernahmen. Im Sinne der Empfehlung des Rates über wirksame Maßnahmen gegen Hardcore-Kartelle *[Recommendation Concerning Effective Action Against Hard Core Cartels*,

OECD/LEGAL/0452] stellen die oben unter a) erwähnten „wettbewerbswidrigen Vereinbarungen" Hardcore-Kartelle dar, jedoch trägt die Empfehlung den unterschiedlichen gesetzlichen Bestimmungen der einzelnen Mitgliedstaaten Rechnung, namentlich in Bezug auf gesetzliche Befreiungen bzw. auf Bestimmungen, die für andernfalls möglicherweise verbotene Aktivitäten Ausnahmen oder die Möglichkeit einer Genehmigung vorsehen. Die Empfehlungen in diesen *Leitsätzen* sind keine Aufforderung an die Unternehmen, darauf zu verzichten, solche gesetzlich vorgesehenen Befreiungen oder Bestimmungen in Anspruch zu nehmen. Die unter b) und c) genannten Kategorien sind allgemeinerer Art, weil die Effekte sonstiger Vereinbarungen und einseitigen Handelns weniger eindeutig sind und mithin nicht die gleiche Übereinstimmung darüber herrscht, welche Praktiken als wettbewerbswidrig anzusehen sind.

118. Zweck der Wettbewerbspolitik ist es, zum allgemeinen Wohlergehen und zum Wirtschaftswachstum beizutragen, indem Marktbedingungen gefördert werden, bei denen die Art, Qualität und Preise von Waren und Dienstleistungen durch die Wettbewerbskräfte am Markt bestimmt werden. Ein solches Wettbewerbsumfeld kommt nicht nur den Verbraucher*innen und der Wirtschaft eines Staates insgesamt zugute, sondern zahlt sich auch für jene Unternehmen aus, die der Verbrauchernachfrage auf effiziente Weise gerecht werden. Die Unternehmen können zu diesem Prozess beitragen, indem sie Informationen liefern und Stellungnahmen abgeben, wenn die Regierungen Gesetze und Maßnahmen in Erwägung ziehen, die der Effizienz schaden könnten oder die Wettbewerbsorientierung von Märkten zu beeinträchtigen drohen.

119. Die Unternehmen sollten sich der Tatsache bewusst sein, dass auch weiterhin Wettbewerbsgesetze eingeführt werden und dass in diesen wettbewerbsrechtlichen Bestimmungen immer häufiger wettbewerbswidrige Aktivitäten im Ausland untersagt werden, wenn diese mit nachteiligen Folgen für die einheimischen Verbraucher*innen verbunden sind. Zudem nimmt infolge der grenzüberschreitenden Handels- und Investitionsaktivitäten die Wahrscheinlichkeit zu, dass sich die in einem Staat angewendeten wettbewerbswidrigen Praktiken auch negativ auf andere Staaten auswirken. Daher sollten die Unternehmen nicht nur die gesetzlichen Bestimmungen des Landes, in dem sie tätig sind, berücksichtigen, sondern auch die aller anderen Länder, in denen mit Auswirkungen ihrer Tätigkeit zu rechnen ist.

120. Außerdem sollten die Unternehmen der Tatsache Rechnung tragen, dass die Wettbewerbsbehörden bei der Untersuchung und Bekämpfung wettbewerbswidriger Praktiken immer umfassender und enger zusammenarbeiten. In diesem Zusammenhang sei allgemein auf einschlägige OECD-Standards zur Wettbewerbspolitik verwiesen. Wenn die Wettbewerbsbehörden verschiedener Staaten das gleiche Verhalten prüfen, können die Unternehmen zur Kohärenz und Tragfähigkeit der Entscheidungen und wettbewerbsrechtlichen Abhilfemaßnahmen beitragen und Kosteneinsparungen für die Regierungen und Unternehmen ermöglichen, indem sie die Zusammenarbeit zwischen den Behörden erleichtern.

121. Die Unternehmen und die gemeinsamen Initiativen, an denen sie sich beteiligen, sollten proaktiv Schritte unternehmen, um mit den in ihren Staaten relevanten wettbewerbsrechtlichen Themen vertraut zu sein und Aktivitäten zu vermeiden, die einen Verstoß gegen das Wettbewerbsrecht darstellen könnten. Davon abgesehen besteht zwischen glaubwürdigen Initiativen für verantwortungsvolles unternehmerisches Handeln und den Zielen des Wettbewerbsrechts aber nicht notwendigerweise ein Spannungsverhältnis. Die Zusammenarbeit im Rahmen solcher Initiativen stellt üblicherweise keinen Verstoß gegen das Wettbewerbsrecht dar.

122. Je nach nationalem Kontext können Unternehmen bei der Einstellung von Arbeitskräften dem Wettbewerbsrecht in ähnlicher Weise unterliegen, wie beim Erwerb von Waren und Dienstleistungen. In diesen Fällen können bei Vereinbarungen zwischen Arbeitgebern über Löhne (Lohnabsprachen) und Einstellungspraktiken (z. B. Vereinbarungen über Abwerbe- und Einstellungsverbote) schwere Strafen verhängt werden. Die Unternehmen sollten daher gewährleisten, dass sie mit ihrer Einstellungs- und Beschäftigungspolitik und ihren Plänen für Fusionen und Übernahmen nicht gegen die geltenden Bestimmungen verstoßen.

XI. Besteuerung

1. Es ist wichtig, dass die Unternehmen durch die pünktliche Entrichtung ihrer Steuerschuld einen Beitrag zu den öffentlichen Finanzen der Gastländer leisten. Insbesondere sollten die Unternehmen sowohl dem Wortlaut als auch dem Geist der steuerrechtlichen Bestimmungen der Länder, in denen sie ihre Geschäftstätigkeit ausüben, gerecht werden. Dem Geist der Bestimmungen gerecht zu werden, bedeutet, die Absicht des Gesetzgebers zu erkennen und entsprechend zu handeln. Es ist indessen nicht erforderlich, dass ein Unternehmen Zahlungen vornimmt, die über den aufgrund einer solchen Interpretation rechtlich erforderlichen Betrag hinausgehen. Die Einhaltung der steuerrechtlichen Bestimmungen umfasst u. a. die Übermittlung aktueller einschlägiger bzw. von Rechts wegen vorzulegender Informationen an die zuständigen Behörden, damit diese die im Zusammenhang mit der Geschäftstätigkeit anfallenden Steuern korrekt veranlagen können, sowie die Beachtung des Fremdvergleichsgrundsatzes bei der Festlegung von Verrechnungspreisen.
2. Die Unternehmen sollten die Governance im Steuerbereich sowie die Einhaltung der steuerrechtlichen Bestimmungen als wichtige Elemente ihrer Aufsichts- und allgemeinen Risikomanagementsysteme behandeln. Insbesondere sollten ihre Boards Risikomanagementstrategien im Steuerbereich einführen, um sicherzustellen, dass die entsprechenden Finanz-, Aufsichts- und Reputationsrisiken umfassend ermittelt und bewertet werden.

Erläuterungen zu Kapitel XI: Besteuerung

123. Die Wahrnehmung gesellschaftlicher Verantwortung im Steuerbereich bedeutet für die Unternehmen, dem Wortlaut und dem Geist der steuerrechtlichen Bestimmungen aller Länder, in denen sie ihre Geschäftstätigkeit ausüben, gerecht zu werden, mit den zuständigen Behörden zusammenzuarbeiten und diesen die einschlägigen bzw. von Rechts wegen vorzulegenden Informationen zu übermitteln. Ein Unternehmen wird dem Geist der steuerrechtlichen Bestimmungen gerecht, wenn es angemessene Maßnahmen trifft, um die Absicht des Gesetzgebers zu ermitteln, und die Bestimmungen im Einklang mit dieser Absicht sowie unter Berücksichtigung des Wortlauts und des einschlägigen historischen Kontexts ihrer Entstehung interpretiert. Geschäftsvorfälle sollten nicht so strukturiert werden, dass sie zu steuerlichen Ergebnissen führen, die nicht mit den grundlegenden wirtschaftlichen Gegebenheiten des Geschäftsvorfalls im Einklang stehen, es sei denn, ein solches Ergebnis entspricht dem Zweck einer geltenden konkreten steuerrechtlichen Bestimmung. In diesem Fall sollte das Unternehmen zu Recht davon ausgehen können, dass das steuerliche Ergebnis der entsprechenden Strukturierung des Geschäftsvorfalls der Absicht des Gesetzgebers nicht widerspricht.

124. Zur Einhaltung der steuerrechtlichen Bestimmungen gehört auch die Zusammenarbeit mit den Steuerbehörden sowie die Bereitstellung von Informationen, die diese benötigen, um eine effektive und gerechte Anwendung dieser Bestimmungen sicherzustellen. Im Rahmen dieser Zusammenarbeit sollten Auskunftsersuchen zuständiger Behörden gemäß den Bestimmungen des jeweiligen Steuerabkommens bzw. des jeweiligen Abkommens über den Informationsaustausch zeitnah und vollständig beantwortet werden. Dieser Verpflichtung zur Mitteilung von Informationen sind jedoch gewisse Grenzen gesetzt. Insbesondere stellen die *Leitsätze* einen Bezug zwischen den mitzuteilenden Informationen und deren

Relevanz für die Durchsetzung der geltenden steuerrechtlichen Bestimmungen her. Damit wird der Notwendigkeit Rechnung getragen, ein Gleichgewicht herzustellen zwischen der Belastung, die die Einhaltung der geltenden steuerrechtlichen Bestimmungen für die Unternehmen darstellt, und der Tatsache, dass die Steuerbehörden zur Durchsetzung dieser Bestimmungen auf die zeitgerechte Übermittlung vollständiger und exakter Informationen angewiesen sind.

125. Die Verpflichtungen der Unternehmen zu Zusammenarbeit und Transparenz sowie zur Einhaltung der steuerrechtlichen Bestimmungen sollten sich in den Risikomanagementsystemen, -strukturen und -maßnahmen widerspiegeln. Bei Unternehmen mit entsprechender Rechtsform sind die Boards in der Lage, das Steuerrisiko auf verschiedene Art und Weise zu überwachen. So sollten sie etwa proaktiv geeignete steuerpolitische Grundsätze entwickeln und interne Überwachungssysteme im Steuerbereich einführen, sodass die Handlungen der Geschäftsführung im Hinblick auf das Steuerrisiko mit den Positionen des Boards im Einklang stehen. Das Board sollte über alle potenziell erheblichen Steuerrisiken informiert werden, und die Zuständigkeit für interne Kontrollfunktionen sowie für die Berichterstattung an das Board sollte klar zugewiesen sein. Eine umfassende Risikomanagementstrategie, die auch den Steuerbereich einbezieht, wird es den Unternehmen ermöglichen, nicht nur als guter Unternehmensbürger (*corporate citizen*) zu handeln, sondern auch das Steuerrisiko effektiv zu steuern, was zur Vermeidung größerer Finanz-, Aufsichts- und Reputationsrisiken beitragen kann.

126. Steuertransparenz unterstützt die Integrität des Steuersystems eines Landes und ist für Unternehmen ein wichtiges Mittel, um zu gewährleisten und zu zeigen, dass sie sich an Wortlaut und Geist der steuerrechtlichen Bestimmungen halten. Ein in einem gegebenen Land ansässiges Mitglied einer multinationalen Unternehmensgruppe hat u. U. weitreichende Geschäftsbeziehungen mit Teilen derselben Gruppe in anderen Ländern. Derartige Beziehungen können die Steuerverbindlichkeiten beider Parteien beeinflussen. Deshalb können die Steuerbehörden auf Informationen aus dem Ausland angewiesen sein, um diese Beziehungen evaluieren und die Steuerschuld des in ihrem Staat ansässigen Mitglieds der Unternehmensgruppe feststellen zu können. Auch hier beschränkt sich die Auskunftspflicht auf Angaben, die für die Evaluierung der Geschäftsbeziehungen zweckdienlich bzw. von Rechts wegen vorzulegen sind, damit das betreffende Mitglied der multinationalen Unternehmensgruppe korrekt veranlagt werden kann. Die multinationalen Unternehmen sollten bei der Bereitstellung dieser Informationen mitwirken. Mehrere Maßnahmen des OECD/G20-Projekts *Inclusive Framework on Base Erosion and Profit Shifting (BEPS)* zielen auf die Verbesserung der Transparenz ab, z. B. die Erstellung und der Austausch länderbezogener Berichte (BEPS-Aktionspunkt 13), der verpflichtende spontane Austausch relevanter Informationen über individuelle Vorabzusagen (BEPS-Aktionspunkt 5) und die Meldepflichten bezüglich aggressiver Steuerplanungsmodelle (BEPS-Aktionspunkt 12).

127. Die Verrechnungspreise spielen eine besonders wichtige Rolle für die Wahrnehmung gesellschaftlicher Verantwortung durch Unternehmen im Steuerbereich. Die massive Zunahme des weltweiten Handels und der grenzüberschreitenden Direktinvestitionen (und die bedeutende Rolle, die die multinationalen Unternehmen dabei spielen) hat zur Folge, dass die Verrechnungspreise einen wichtigen Bestimmungsfaktor für die Steuerverbindlichkeiten der Mitglieder einer multinationalen Unternehmensgruppe bilden, da sie sich wesentlich auf die Aufteilung der Steuerbemessungsgrundlage zwischen den Ländern, in denen das multinationale Unternehmen tätig ist, auswirken. Der Grundsatz des Fremdvergleichs, der sowohl in dem OECD-Musterabkommen zur Vermeidung der Doppelbesteuerung als auch in dem Musterabkommen der Vereinten Nationen zur Vermeidung der Doppelbesteuerung zwischen entwickelten Ländern und Entwicklungsländern enthalten ist, ist der international anerkannte Standard für die Berichtigung der Gewinne zwischen verbundenen Unternehmen. Durch die Anwendung des Fremdvergleichsgrundsatzes wird die unangemessene Verlagerung von Gewinnen bzw. Verlusten vermieden und das Risiko der Doppelbesteuerung minimiert. Um den Grundsatz richtig anzuwenden, müssen die multinationalen Unternehmen mit den Steuerbehörden zusammenarbeiten und alle maßgeblichen oder von Rechts wegen vorzulegenden Informationen über die für ihre internationalen Geschäftsvorfälle mit einem verbundenen Unternehmen gewählte Verrechnungspreismethode zur Verfügung stellen. Dabei wird

eingeräumt, dass es sowohl für die multinationalen Unternehmen als auch für die Steuerverwaltungen häufig schwierig ist zu ermitteln, ob die Verrechnungspreise dem Grundsatz des Fremdvergleichs gerecht werden, und dass die Anwendung dieses Grundsatzes keine exakte Wissenschaft ist.

128. Der OECD-Ausschuss für Steuerfragen bemüht sich bei seinen Arbeiten laufend um die Erarbeitung von Empfehlungen, die gewährleisten sollen, dass die Verrechnungspreise dem Fremdvergleichsgrundsatz Rechnung tragen. Diese Arbeiten führten 1995 zur Veröffentlichung der *OECD-Verrechnungspreisleitlinien für multinationale Unternehmen und Steuerverwaltungen (OECD-Verrechnungspreisleitlinien)*, auf die sich die Empfehlung des Rates über die Festsetzung von Verrechnungspreisen zwischen verbundenen Unternehmen *[Recommendation on the Determination of Transfer Pricing between Associated Enterprises, OECD/LEGAL/0279]* bezog (Mitglieder einer multinationalen Unternehmensgruppe fallen normalerweise unter die Definition der verbundenen Unternehmen). Die *OECD-Verrechnungspreisleitlinien* werden laufend aktualisiert, um den Veränderungen in der Weltwirtschaft und den Erfahrungen der mit Verrechnungspreisen befassten Steuerverwaltungen und Steuerpflichtigen Rechnung zu tragen. Zu beachten ist, dass 2017 die Empfehlung des Rates überarbeitet wurde, um dessen Annahme des BEPS-Maßnahmenpakets zu berücksichtigen, die Wirkung und Bedeutung der Verrechnungspreisleitlinien außerhalb der OECD-Mitgliedsländer zu stärken und Regierungen wie Steuerpflichtigen mehr Klarheit und Rechtssicherheit hinsichtlich des Status künftiger Überarbeitungen der Verrechnungspreisleitlinien zu geben, indem deren zeitnahe Umsetzung unterstützt wird. Wie der Fremdvergleichsgrundsatz anzuwenden ist, um Betriebsstätten Gewinne zuzuordnen und auf diese Weise die Besteuerungsrechte des jeweiligen Staates gemäß dem entsprechenden Doppelbesteuerungsabkommen zu bestimmen, wurde in einer 2008 vom Rat der OECD angenommenen Empfehlung dargelegt.

129. Im Mittelpunkt der *OECD-Verrechnungspreisleitlinien* steht die Anwendung des Fremdvergleichsgrundsatzes zur Beurteilung der Verrechnungspreise verbundener Unternehmen. Die Leitlinien sollen den Steuerverwaltungen (der OECD-Mitgliedsländer wie auch der Nichtmitgliedsländer) und den multinationalen Unternehmen helfen, indem sie Wege zur einvernehmlichen Lösung von Verrechnungspreisfällen aufzeigen; dadurch sollen Konflikte zwischen verschiedenen Steuerverwaltungen sowie zwischen Steuerverwaltungen und den multinationalen Unternehmen vermindert und aufwendige Rechtsstreitigkeiten vermieden werden. Die multinationalen Unternehmen werden dazu angehalten, die in den *OECD-Verrechnungspreisleitlinien* dargelegten Prinzipien einschließlich ihrer Änderungen und Ergänzungen zu befolgen, damit ihre Verrechnungspreise dem Grundsatz des Fremdvergleichs entsprechen.

130. Die Kohärenz und Einheitlichkeit der für multinationale Unternehmensgruppen geltenden internationalen Steuerarchitektur wurden durch das OECD/G20-BEPS-Projekt auf breiterer Basis gestärkt. Insbesondere erleichtert das Mehrseitige Übereinkommen zur Umsetzung steuerabkommensbezogener Maßnahmen zur Verhinderung der Gewinnverkürzung und Gewinnverlagerung *[Multilateral Convention to Implement Tax Treaty Related Measures to Prevent Base Erosion and Profit Shifting OECD/LEGAL/0432]* die Umsetzung von Mindeststandards zur Verhinderung von Abkommensmissbrauch und zur Verbesserung der Streitbeilegung sowie einer Reihe von weiteren Maßnahmen zur Bekämpfung von Steuervermeidung und zur Verbesserung der Kohärenz internationaler Steuervorschriften. Der Erfolg dieses Systems setzt ein Netzwerk voraus, das auf positiven Beziehungen, Zusammenarbeit und dem Grundsatz der Gegenseitigkeit beruht.

Teil II: Umsetzungsverfahren der OECD-Leitsätze für multinationale Unternehmen zu verantwortungsvollem unternehmerischem Handeln

Beschluss des Rates zu den Leitsätzen für multinationale Unternehmen zu verantwortungsvollem unternehmerischem Handeln

DER RAT,

GESTÜTZT AUF Artikel 5 Buchstabe a des *Übereinkommens über die Organisation für wirtschaftliche Zusammenarbeit und Entwicklung* vom 14. Dezember 1960;

GESTÜTZT AUF die OECD-Erklärung über internationale Investitionen und multinationale Unternehmen [*Declaration on International Investment and Multinational Enterprises*, OECD/LEGAL/0144] (die „Erklärung"), in der die zustimmenden Mitgliedsländer und Nichtmitgliedsländer (die „Teilnehmerstaaten") gemeinsam den auf ihrem Staatsgebiet tätigen oder von dort aus operierenden multinationalen Unternehmen empfehlen, die *Leitsätze für multinationale Unternehmen zu verantwortungsvollem unternehmerischem Handeln* (die *„Leitsätze"*) zu beachten;

IN DER ERKENNTNIS, dass die internationale Zusammenarbeit bei Fragen im Zusammenhang mit der Erklärung angesichts der weltweiten Tätigkeit der multinationalen Unternehmen sämtliche Länder einbeziehen sollte;

IN DER ERWÄGUNG, dass es wünschenswert ist, die Verfahren für mögliche Konsultationen zu den Themen, die in den *Leitsätzen* behandelt werden, zu verbessern und die Wirksamkeit der *Leitsätze* zu erhöhen;

auf Vorschlag des Investitionsausschusses:

BESCHLIESST:

I. Nationale Kontaktstellen für verantwortungsvolles unternehmerisches Handeln

1. Die Teilnehmerstaaten richten Nationale Kontaktstellen für verantwortungsvolles unternehmerisches Handeln (NKS) ein, um die Wirksamkeit der *Leitsätze* zu erhöhen. Die NKS haben die folgenden Aufgaben:

   a) Sie erhöhen die Bekanntheit und fördern die Anwendung der *Leitsätze*, u. a. indem sie Anfragen beantworten.

   b) Sie tragen zur Beilegung von Streitfragen bei, die sich bei der Umsetzung der *Leitsätze* in besonderen Fällen ergeben.

Darüber hinaus können die NKS gegebenenfalls und in Abstimmung mit einschlägigen staatlichen Stellen ihre Regierungen dabei unterstützen, Maßnahmen zur Förderung verantwortungsvollen unternehmerischen Handelns zu entwickeln, umzusetzen und kohärenter zu gestalten.

Die Wirtschaft, Arbeitnehmer- und andere Nichtregierungsorganisationen und sonstige Interessenträger werden über die Einrichtung der NKS in Kenntnis gesetzt.

2. Bei Bedarf arbeiten die NKS der verschiedenen Teilnehmerstaaten in allen die *Leitsätze* betreffenden und für die Tätigkeit der NKS relevanten Fragen zusammen. Grundsätzlich sollten zunächst Diskussionen auf nationaler Ebene stattfinden, bevor andere NKS hinzugezogen werden.

3. Die NKS treffen sich regelmäßig zu Erfahrungsaustauschen und erstatten dem Investitionsausschuss Bericht.

4. Die Teilnehmerstaaten statten ihre NKS unter Berücksichtigung der internen Haushaltsspielräume und -praktiken mit Personal und Finanzmitteln aus, damit diese ihre Aufgaben effektiv erfüllen und den Wirksamkeitskriterien der diesem Beschluss beigefügten Verfahrensregelungen vollständig gerecht werden können.

5. Die Teilnehmerstaaten führen regelmäßig Peer-Reviews der NKS durch. Deren Modalitäten legt die Arbeitsgruppe für verantwortungsvolles unternehmerisches Handeln (Working Party on Responsible Business Conduct – WPRBC) fest.

II. Der Investitionsausschuss und die Arbeitsgruppe für verantwortungsvolles unternehmerisches Handeln

1. Der Investitionsausschuss (der „Ausschuss") beaufsichtigt die Umsetzung der Erklärung über internationale Investitionen und multinationale Unternehmen. Die WPRBC hilft dem Ausschuss, seine in Abschnitt I der Erklärung geregelten Aufgaben in Bezug auf die *Leitsätze* zu erfüllen.

2. Der Ausschuss veranstaltet regelmäßig oder auf Ersuchen eines Teilnehmerstaats einen Meinungs- und Erfahrungsaustausch zu den Themenbereichen und der Anwendung der *Leitsätze*. Der Ausschuss lädt Business at OECD (BIAC), den Gewerkschaftlichen Beratungsausschuss bei der OECD (TUAC) (die „beratenden Organe"), OECD Watch sowie andere internationale Partner regelmäßig ein, zu den Themen, die in den *Leitsätzen* behandelt werden, Stellung zu nehmen. Darüber hinaus können diese Organe und Partner auch selbst einen Meinungsaustausch zu diesen Themen initiieren.

3. Der Ausschuss pflegt einen Austausch mit Nichtteilnehmerstaaten über die in den *Leitsätzen* behandelten Themen, um verantwortungsvolles unternehmerisches Handeln entsprechend den *Leitsätzen* weltweit zu fördern und gleiche Wettbewerbsbedingungen für alle zu schaffen. Ferner bemüht sich der Ausschuss, mit Nichtteilnehmerstaaten zusammenzuarbeiten, die ein besonderes Interesse an den *Leitsätzen* haben und deren Grundsätzen und Maßstäben mehr Gewicht geben möchten.

4. Der Ausschuss ist für Klarstellungen zur Auslegung der *Leitsätze* zuständig. Parteien, die an einem besonderen Fall (*specific instance*) beteiligt sind, der Anlass eines Klarstellungsersuchens war, wird Gelegenheit gegeben, ihre Auffassungen mündlich oder schriftlich darzulegen. Der Ausschuss zieht keine Schlussfolgerungen über das Verhalten einzelner Unternehmen.

5. Der Ausschuss hält Meinungsaustausche über die Aktivitäten der NKS mit dem Ziel ab, die Wirksamkeit der *Leitsätze* zu erhöhen und die funktionale Äquivalenz der NKS zu verbessern.

6. Der Ausschuss erstattet dem Rat regelmäßig zu in den *Leitsätzen* behandelten Themen Bericht. Dabei geht er auch auf die Berichte der NKS und auf die Auffassungen der beratenden Organe (BIAC und TUAC), des Netzwerks OECD Watch, anderer internationaler Partner und gegebenenfalls von Nichtteilnehmerstaaten ein.

7. Der Ausschuss setzt sich in Zusammenarbeit mit den NKS proaktiv dafür ein, dass die Unternehmen die in den *Leitsätzen* enthaltenen Grundsätze und Maßstäbe wirksam einhalten. Er sucht insbesondere nach Möglichkeiten, in Zusammenarbeit mit den beratenden Organen (BIAC und TUAC),

mit OECD Watch, anderen internationalen Partnern und sonstigen beteiligten Akteuren darauf hinzuwirken, dass die multinationalen Unternehmen im Kontext der *Leitsätze* positive Beiträge zum ökonomischen, ökologischen und sozialen Fortschritt im Hinblick auf die angestrebte nachhaltige Entwicklung leisten, sowie zu helfen, die Risiken negativer Auswirkungen im Zusammenhang mit spezifischen Produkten, Regionen, Sektoren oder Industriezweigen zu erkennen und diesen Risiken zu begegnen.

III. Umsetzung und Überprüfung des Beschlusses

1. Aus den diesem Beschluss beigefügten Verfahrensregelungen gehen die Erwartungen, Empfehlungen und Hinweise hervor, die für die Teilnehmerstaaten, die NKS, den Ausschuss und die WPRBC bei der Umsetzung dieses Beschlusses maßgeblich sind.

2. Dieser Beschluss wird regelmäßig geprüft und gegebenenfalls angepasst. Zu diesem Zweck unterbreitet der Ausschuss Vorschläge. Gegebenenfalls entwirft die WPRBC entsprechende Vorschläge und legt sie dem Ausschuss vor.

Verfahrensregelungen

I. Nationale Kontaktstellen für verantwortungsvolles unternehmerisches Handeln

Die Nationalen Kontaktstellen für verantwortungsvolles unternehmerisches Handeln (NKS) dienen dazu, die Wirksamkeit der *Leitsätze* zu erhöhen. Die Arbeitsweise der NKS ist geprägt von

1. Sichtbarkeit,
2. Zugänglichkeit,
3. Transparenz,
4. Rechenschaftspflicht,
5. Unvoreingenommenheit und Fairness,
6. Vorhersehbarkeit und
7. Einhaltung der *Leitsätze*.

Gemeinsam bilden diese Prinzipien die zentralen Wirksamkeitskriterien der NKS. Unbeschadet ihrer jeweiligen besonderen Umstände streben die NKS funktionale Äquivalenz an. Sie ist erreicht, wenn alle NKS die zentralen Wirksamkeitskriterien erfüllen, sodass sie auf einem vergleichbaren Wirksamkeitsniveau operieren.

A. Institutionelle Ausgestaltung

Im Einklang mit den Zielen funktional äquivalenter NKS und wirksamerer *Leitsätze* können die Teilnehmerstaaten flexibel entscheiden, wie sie ihre NKS organisieren, um die zentralen Wirksamkeitskriterien zu erfüllen. Bei der institutionellen Ausgestaltung der NKS bemühen sich die Regierungen um aktive Unterstützung – gegebenenfalls durch die Sozialpartner, aber auch durch andere beteiligte Akteure sowie weitere einschlägige staatliche Stellen.

Dementsprechend

1. werden die NKS so strukturiert, organisiert und hinreichend ausgestattet, dass sie das breite Spektrum der unter die *Leitsätze* fallenden Themen effektiv behandeln, auf Fachwissen zu allen für die Erfüllung ihres Auftrags einschlägigen Aspekten zugreifen, unparteiisch operieren und ihren Rechenschaftspflichten gegenüber der Regierung ihres jeweiligen Teilnehmerstaats hinreichend nachkommen können.
2. können die NKS unterschiedliche Organisationsformen nutzen, um die zentralen Wirksamkeitskriterien zu erfüllen und funktionale Äquivalenz anzustreben, wobei sie darauf achten, das Vertrauen der beteiligten Akteure seiner hohen Bedeutung entsprechend zu wahren. Zum Beispiel kann ein*e hochrangige*r Regierungsbeamt*in ebenso als NKS fungieren wie ein Regierungsbüro unter hochrangiger Leitung oder auch eine mit hochrangigen Regierungsbeamt*innen besetzte oder von ihnen geleitete behördenübergreifende oder interministerielle Instanz. Ebenfalls denkbar ist ein Gremium, das sich aus Vertreter*innen der Regierung, der Wirtschaft, der Arbeitnehmer- und anderer Nichtregierungsorganisationen (Multi-Stakeholder-Lösung) und/oder unabhängigen Sachverständigen zusammensetzt. Den Regierungen wird empfohlen, den NKS Beratungs- oder

Aufsichtsgremien zur Seite zu stellen, die mit Vertreter*innen der Wirtschaft sowie der Arbeitnehmer- und anderer Nichtregierungsorganisationen besetzt sind, wann immer dies zur Unterstützung der NKS nützlich erscheint.

3. entwickeln und unterhalten die NKS gegebenenfalls konstruktive und dialogorientierte Beziehungen zu den Sozialpartnern sowie zu Vertreter*innen der Wirtschaft, der Arbeitnehmer- und anderer Nichtregierungsorganisationen. Auch weitere Interessenträger, die in der Lage sind, die Wirksamkeit der *Leitsätze* zu erhöhen, können die NKS auf diese Weise einbinden.

B. Information und Öffentlichkeitsarbeit

Die NKS

1. machen die *Leitsätze* mit geeigneten Mitteln bekannt und verfügbar, u. a. durch Online-Informationen, und übersetzen sie in die jeweiligen Landessprachen. Die NKS sollten auch die Beachtung der damit zusammenhängenden Sorgfaltsgrundsätze der OECD für verantwortungsvolles unternehmerisches Handeln fördern und dabei deren Besonderheiten berücksichtigen, die in den Erläuterungen zu Kapitel II der *Leitsätze* unter Ziffer 15 erwähnt werden. Potenzielle Investoren (im In- und Ausland) und andere relevante beteiligte Akteure sollten gegebenenfalls über die *Leitsätze* informiert werden.
2. schärfen das Bewusstsein für die *Leitsätze*, ihre Umsetzungsverfahren und die NKS selbst, u. a. gegebenenfalls durch Zusammenarbeit mit einschlägigen staatlichen Stellen, der Wirtschaft, Arbeitnehmer- und anderen Nichtregierungsorganisationen sowie der interessierten Öffentlichkeit.
3. beantworten Anfragen zu den *Leitsätzen*, den Sorgfaltsgrundsätzen der OECD sowie den NKS selbst, u. a.
   a) von anderen NKS,
   b) aus der Wirtschaft, von Arbeitnehmer- und anderen Nichtregierungsorganisationen, aus der Öffentlichkeit und
   c) von Regierungen von Nichtteilnehmerstaaten.

C. Besondere Fälle

In ihrer Funktion als außergerichtlicher Beschwerdemechanismus tragen die NKS zur Beilegung von Streitfragen im Zusammenhang mit der Umsetzung der *Leitsätze* in besonderen Fällen bei. Ihre Vorgehensweise steht dabei mit den in Abschnitt I Unterabschnitt A aufgeführten zentralen Wirksamkeitskriterien im Einklang. Die NKS veröffentlichen eigene Verfahrensleitfäden, die den Ablauf ihrer Bearbeitung besonderer Fälle im Einklang mit diesen Verfahrensregelungen beschreiben. Den NKS wird empfohlen, ihre Interessenträger bei der Entwicklung dieser Verfahrensleitfäden einzubinden. Die NKS bietet sowohl ein Diskussionsforum als auch fachliche Kompetenz in Bezug auf die *Leitsätze*, um die Wirtschaft, die Arbeitnehmer- und andere Nichtregierungsorganisationen sowie sonstige Interessenträger dabei zu unterstützen, die aufgeworfenen Fragen effizient, zügig und nach Maßgabe des geltenden Rechts und der *Leitsätze* zu lösen. Je nach den Merkmalen des Einzelfalls kann diese Unterstützung beispielsweise darin bestehen, dass ein konstruktiver Dialog gefördert, eine Einigung zwischen den Parteien vermittelt und/oder Empfehlungen ausgesprochen werden. Die Unterstützung kann u. a. auch darauf abzielen, die Umsetzung der *Leitsätze* in der Zukunft voranzubringen und/oder negativen Effekten im Einklang mit den *Leitsätzen* zu begegnen.

Im Rahmen dieser Unterstützung

1. stimmt sich die NKS bei besonderen Fällen, die aufgrund ihrer Merkmale auch andere NKS betreffen, mit diesen vertrauensvoll ab, um festzulegen, welche NKS die Federführung übernimmt und welche verfahrensbegleitend tätig wird.

2. führt die NKS Anhörungen der Parteien zu den aufgeworfenen Fragen durch, entscheidet im Rahmen einer ersten Evaluierung darüber, ob diese Fragen eine eingehendere Prüfung rechtfertigen, und antwortet den beteiligten Parteien.
3. bietet die NKS den beteiligten Parteien Vermittlungsdienste für die Lösung der aufgeworfenen Fragen an, wenn die erste Evaluierung ergeben hat, dass diese Fragen eine eingehendere Prüfung rechtfertigen. Zu diesem Zweck berät sich die NKS mit den Parteien; gegebenenfalls
   a) zieht sie zuständige Behörden und/oder Vertreter*innen der Wirtschaft, der Arbeitnehmer- und anderer Nichtregierungsorganisationen sowie einschlägige Sachverständige zu Rate.
   b) konsultiert sie die NKS anderer betroffener Teilnehmerstaaten.
   c) holt sie bei Fragen zur Auslegung der *Leitsätze* Informationen zu vergleichbaren besonderen Fällen vom Sekretariat oder Orientierungshilfen von der WPRBC ein. Diese Informationen und Orientierungshilfen haben beratenden Charakter und sind sowohl vertraulich als auch fallspezifisch. Sie stellen keine Klarstellung zur Auslegung der *Leitsätze* dar. Derartige Klarstellungen obliegen gemäß Abschnitt II Ziffer 2 Buchstabe c (siehe weiter unten) dem Ausschuss. Soweit die verfügbaren Ressourcen dies zulassen, sollten die Informationen und Orientierungshilfen zügig bereitgestellt werden, um Verzögerungen bei der Fallbearbeitung zu vermeiden.
   d) bietet sie auf gütliche und einvernehmliche Lösungen abzielende Verfahren an, wie z. B. Mediations- und Schlichtungsverfahren, und erleichtert den Parteien mit deren Zustimmung den Zugang zu solchen Verfahren, um ihnen bei der Beilegung der Streitfragen zu helfen.
4. macht die NKS – nach Abstimmung mit den beteiligten Parteien und unter Beachtung der Notwendigkeit, sensible Daten der Unternehmen und sonstiger beteiligter Akteure zu schützen – die Verfahrensergebnisse abschließend durch Herausgabe einer Abschlusserklärung der Öffentlichkeit zugänglich,
   a) wenn die NKS zu dem Schluss gelangt, dass die aufgeworfenen Fragen keine eingehendere Prüfung rechtfertigen. Die Erklärung sollte zumindest die aufgeworfenen Fragen, gegebenenfalls die Standpunkte der Parteien, die von der NKS zur Prüfung der Einreichung in die Wege geleiteten Schritte, die Beteiligung der Parteien am Verfahrensverlauf und die Gründe für die Entscheidung der NKS darlegen.
   b) wenn die beteiligten Parteien eine Einigung über die aufgeworfenen Fragen erzielt haben. Die Erklärung sollte zumindest die aufgeworfenen Fragen, gegebenenfalls die Standpunkte der Parteien sowie die von der NKS zur Unterstützung der Parteien in die Wege geleiteten Schritte darlegen und das Datum der Einigung nennen. Informationen über den Inhalt der Einigung werden nur insoweit aufgenommen, als die beteiligten Parteien dem zustimmen. Nach erzielter Einigung kann die NKS gegebenenfalls auch Empfehlungen zur Umsetzung der *Leitsätze* in die Abschlusserklärung aufnehmen.
   c) wenn keine Einigung zustande kam oder eine Partei nicht bereit ist, sich am Verfahren zu beteiligen. In diesem Fall sollte die Erklärung zumindest die aufgeworfenen Fragen, gegebenenfalls die Standpunkte der Parteien, die Gründe der NKS für ihre Entscheidung zugunsten einer eingehenderen Prüfung sowie die von der NKS zur Unterstützung der Parteien in die Wege geleiteten Schritte darlegen und Informationen zur Beteiligung der Parteien am Verfahren enthalten. Die NKS sollte gegebenenfalls auch Empfehlungen zur Umsetzung der *Leitsätze* aufnehmen. Wenn dies angemessen erscheint, kann die Erklärung auch die Gründe enthalten, die eine Einigung verhindert haben. Soweit das geltende Recht und der Verfahrensleitfaden der NKS dies zulassen, kann sich die NKS in ihrer Abschlusserklärung nach eigenem Ermessen dazu äußern, ob sich das Unternehmen ihrer Ansicht nach an die *Leitsätze* gehalten hat.

Die NKS informiert den Ausschuss und die WPRBC zeitnah über die Ergebnisse der von ihr bearbeiteten besonderen Fälle.

5. leitet die NKS nach Abschluss eines besonderen Falls gegebenenfalls Folgemaßnahmen zur Umsetzung von Empfehlungen oder einer möglichen Einigung der Parteien ein. Die NKS sollte eine Erklärung zu den Folgemaßnahmen veröffentlichen. Außerdem sollte die Abschlusserklärung alle von der NKS geplanten Folgemaßnahmen sowie die für deren Umsetzung geltenden Fristen nennen.
6. achtet die NKS auf Transparenz und unterrichtet die Parteien eines besonderen Falls insbesondere in der Zeit, in der sie Vermittlungsdienste leistet, über alle relevanten Fakten und Argumente, die von anderen Parteien an die NKS herangetragen wurden. Auf begründeten Antrag einer Partei, beispielsweise unter Hinweis auf die Schutzwürdigkeit sensibler Informationen und/oder der Interessen eines an dem besonderen Fall beteiligten Akteurs, kann die NKS allerdings bestimmte Informationen vor den anderen Parteien geheim halten.
7. unterrichtet die NKS die Parteien darüber, dass sie die Fakten und Argumente, die ihnen die anderen Parteien oder die NKS selbst (oder gegebenenfalls auch ein*e externe*r Mediator*in oder Schlichter*in) während des oben in den Ziffern 1 bis 5 beschriebenen Verfahrens mitgeteilt haben, weder während noch nach dem Verfahren gegenüber der Allgemeinheit oder Dritten offenlegen dürfen, es sei denn, die mitteilende Partei stimmt der Offenlegung zu, die Fakten und Argumente sind bereits öffentlich bekannt oder die Nichtoffenlegung würde gegen nationales Recht verstoßen.
8. leitet die NKS bei Fragen, die in Nichtteilnehmerstaaten aufgeworfen wurden, Schritte ein, um zu einem besseren Verständnis dieser Fragen zu gelangen und diese Verfahrensregelungen anzuwenden.
9. sollte die NKS während des gesamten Prozesses alle angemessenen und ihren Möglichkeiten entsprechenden Schritte unternehmen, um dem Risiko von Repressalien gegen Parteien eines besonderen Falls zu begegnen. Wenn die NKS von tatsächlichen oder drohenden Repressalien erfährt, sollte sie die betroffene Partei soweit möglich bei der Schadensvermeidung und -minderung unterstützen sowie sich mit den zuständigen Behörden in Verbindung setzen, wenn möglich in Absprache mit der bzw. den gefährdeten Person(en). Darüber hinaus sollten die Regierungen wirksame Maßnahmen ergreifen, um die NKS selbst und ihre Mitglieder vor Repressalien zu schützen.

D. Unterstützung von Regierungsmaßnahmen zur Förderung verantwortungsvollen unternehmerischen Handelns

Für eine höhere Wirksamkeit der *Leitsätze* können die NKS gegebenenfalls und in Abstimmung mit einschlägigen staatlichen Stellen ihre Regierungen dabei unterstützen, Maßnahmen zur Förderung verantwortungsvollen unternehmerischen Handelns zu entwickeln, umzusetzen und kohärenter zu gestalten. Bei Bereitstellung oder Anforderung dieser Unterstützung sollten die Ressourcen der NKS und ihre Fähigkeiten zur Erfüllung ihrer Aufgaben gemäß Abschnitt I Ziffer 1 des Ratsbeschlusses berücksichtigt werden.

E. Berichterstattung

1. Jede NKS erstattet dem Ausschuss und der WPRBC jährlich Bericht.
2. Die Berichte sollten Informationen über Art und Ergebnisse der Aktivitäten der NKS enthalten, u. a. in Bezug auf besondere Fälle.

F. Peer-Reviews

Die Teilnehmerstaaten führen in regelmäßigen Abständen vom Sekretariat organisierte Peer-Reviews der NKS durch. Sie dienen dazu, die wirksame Umsetzung der *Leitsätze* zu fördern, den Austausch über empfehlenswerte Verfahrensweisen zu pflegen und die Effektivität und funktionale Äquivalenz der NKS zu erhöhen. Die Modalitäten der regelmäßigen Peer-Reviews, beispielsweise das Durchführungsverfahren, die Länge des Überprüfungszyklus und die Finanzierung, werden von der WPRBC genehmigt und am Ende jedes Zyklus geprüft und gegebenenfalls angepasst. Der erste Zyklus regelmäßiger Peer-Reviews beginnt erst, nachdem diese Genehmigung erfolgt ist.

II. Investitionsausschuss, WPRBC und das Sekretariat

1. Der Investitionsausschuss, die WPRBC und das Sekretariat befassen sich ihren jeweiligen Zuständigkeiten entsprechend mit Ersuchen der NKS um Unterstützung ihrer Aktivitäten, u. a. wenn in besonderen Fällen Fragen zur Auslegung der *Leitsätze* aufgekommen sind.

2. Der Ausschuss, mit Unterstützung der WPRBC sowie mit der Absicht, die Wirksamkeit der *Leitsätze* zu erhöhen und die funktionale Äquivalenz der Nationalen Kontaktstellen zu verbessern,

a) befasst sich mit den weiter oben in Abschnitt I Unterabschnitt E beschriebenen jährlichen Berichten der NKS. Auf ihrer Grundlage veröffentlicht die WPRBC jährlich eine Analyse der Aktivitäten der NKS.

b) prüft, ob eine NKS ihren Aufgaben bei der Behandlung von besonderen Fällen gerecht wird, wenn ein Teilnehmerstaat, ein beratendes Organ (BIAC oder TUAC) oder OECD Watch einen entsprechenden begründeten Antrag eingereicht hat. Der Ausschuss nimmt die Antwort auf den Antrag im Einvernehmen an. Der Teilnehmerstaat, dessen NKS Gegenstand des begründeten Antrags ist, nimmt an dem Vorgang in gutem Glauben teil. Es wird davon ausgegangen, dass er nur unter außergewöhnlichen Umständen davon absieht, sich dem Konsens anzuschließen.

c) erwägt auf Ersuchen eines Teilnehmerstaats, eines beratenden Organs (BIAC oder TUAC) oder des Netzwerks OECD Watch, eine Klarstellung zur Auslegung der *Leitsätze* zu formulieren. Ein solches Ersuchen kann die Frage zum Gegenstand haben, ob eine NKS die *Leitsätze* in besonderen Fällen richtig ausgelegt hat. Der Ausschuss zieht dabei allerdings keine Schlussfolgerungen über das Verhalten einzelner Unternehmen.

d) formuliert nötigenfalls Empfehlungen zur Verbesserung der Funktionsweise der NKS und zur wirksamen Umsetzung der *Leitsätze*. Stellt der Ausschuss auf der Grundlage der letzten beiden jährlichen Berichtszyklen und auf Antrag der WPRBC fest, dass eine NKS längere Zeit und ohne triftigen Grund offenkundig nicht im Einklang mit diesen Verfahrensregelungen tätig war, kann er gegenüber dem betreffenden Teilnehmerstaat angemessene Empfehlungen aussprechen und ihn auffordern, innerhalb einer festgelegten Frist dazu Bericht zu erstatten. Der Ausschuss kann diese Aufforderung wiederholt aussprechen, bis er zu der Überzeugung gelangt ist, dass Abhilfe geschaffen wurde. Der Ausschuss und die WPRBC entscheiden im Einvernehmen über diese Angelegenheiten. Der Teilnehmerstaat der betreffenden NKS nimmt an dem Vorgang in gutem Glauben teil. Es wird davon ausgegangen, dass er nur unter außergewöhnlichen Umständen davon absieht, sich dem Konsens anzuschließen.

e) arbeitet mit internationalen Partnern zusammen.

f) bezieht interessierte Nichtteilnehmerstaaten hinsichtlich Themen, die in den *Leitsätzen* behandelt werden, und hinsichtlich deren Umsetzung ein.

3. Der Ausschuss und die WPRBC können die Meinung von Sachverständigen zu allen in den *Leitsätzen* behandelten Fragen einholen und berücksichtigen. Zu diesem Zweck wird der Ausschuss ein geeignetes Verfahren beschließen.

4. Der Ausschuss und die WPRBC erledigen die ihnen übertragenen Aufgaben effizient und zügig.

5. Bei der Erledigung ihrer Aufgaben steht dem Ausschuss und der WPRBC das Sekretariat zur Seite, das unter der Gesamtleitung des Ausschusses und der WPRBC sowie entsprechend dem Arbeitsprogramm und Budget der Organisation

a) den NKS als zentrale Informationsstelle dient, wenn sie Fragen zur Förderung der Beachtung, zur Auslegung oder zur Umsetzung der *Leitsätze* haben. Informationen zur Auslegung der *Leitsätze* werden gemäß Abschnitt I Unterabschnitt C Ziffer 3 Buchstabe c (siehe weiter oben) bereitgestellt.

b) relevante Informationen zu aktuellen Trends und neuen Verfahrensweisen sammelt und öffentlich verfügbar macht, die die institutionelle Ausgestaltung der NKS, Aktivitäten zur Förderung der Beachtung der *Leitsätze* oder die Umsetzung der *Leitsätze* in besonderen Fällen betreffen. Unter anderem unterstützt es die WPRBC dabei, jährlich eine Analyse der Aktivitäten der NKS gemäß Abschnitt II Ziffer 2 Buchstabe a (siehe weiter oben) zu veröffentlichen. Das Sekretariat entwickelt einheitliche Berichtsformate, um die Einrichtung, Pflege und regelmäßige Aktualisierung einer Datenbank über besondere Fälle zu unterstützen, und führt regelmäßige Analysen dieser besonderen Fälle durch.

c) Aktivitäten des gegenseitigen Lernens sowie Kapazitätsaufbau und Schulungen unterstützt, insbesondere für die NKS neuer Teilnehmerstaaten und für neues NKS-Personal. Im Mittelpunkt stehen dabei die *Leitsätze* selbst sowie Maßnahmen zur Förderung ihrer Beachtung, die Vermittlung von Schlichtungs- und Mediationsverfahren und andere Umsetzungsverfahren.

d) die regelmäßigen Peer-Reviews der NKS gemäß Abschnitt I Unterabschnitt F (siehe weiter oben) organisiert.

e) bei Bedarf die Zusammenarbeit zwischen den NKS fördert.

f) die Beachtung der *Leitsätze* auf maßgeblichen internationalen Foren und Zusammenkünften fördert und die NKS sowie den Ausschuss bei ihren Bemühungen um eine Schärfung des Bewusstseins für die *Leitsätze* unter Nichtteilnehmerstaaten unterstützt.

III. Sonstige Bestimmungen

Aus diesen Verfahrensregelungen entstehen keine zusätzlichen Rechte oder Pflichten nach internationalem Recht.

Erläuterungen zu den Umsetzungs-verfahren

1. Mit dem Ratsbeschluss verpflichten sich die Teilnehmerstaaten, die Umsetzung der in den *Leitsätzen* enthaltenen Empfehlungen zu fördern. Die Verfahrensregelungen im Anhang des Ratsbeschlusses legen Erwartungen, Empfehlungen und Hinweise für die Teilnehmerstaaten, die Nationalen Kontaktstellen für verantwortungsvolles unternehmerisches Handeln (NKS), den Investitionsausschuss (den Ausschuss), die Arbeitsgruppe für verantwortungsvolles unternehmerisches Handeln (WPRBC) und das Sekretariat dar. Zusätzliche Rechte oder Pflichten nach internationalem Recht entstehen daraus nicht. An den Wörtern „sollte", „sollten" oder „wird empfohlen" ist erkennbar, dass es sich nicht um eine Erwartung, sondern um eine Empfehlung handelt. Hinweise werden durch „kann" bzw. „können" ausgedrückt.

2. Im Ratsbeschluss sind die wichtigsten Verantwortlichkeiten der Teilnehmerstaaten festgelegt, die sich in Bezug auf die NKS aus den *Leitsätzen* ergeben. Sie können wie folgt zusammengefasst werden:

- NKS einrichten und Interessenträger über die Verfügbarkeit von Einrichtungen im Zusammenhang mit den *Leitsätzen* informieren
- die erforderliche Personal- und Mittelausstattung gewährleisten
- gegebenenfalls die Zusammenarbeit der NKS verschiedener Teilnehmerstaaten ermöglichen
- dafür sorgen, dass die NKS regelmäßig zusammenkommen und dass sie dem Ausschuss Bericht erstatten können

3. Der Ratsbeschluss legt auch den Aufgabenbereich des Ausschusses in Bezug auf die *Leitsätze* fest:

- Meinungsaustausche zu Fragen im Zusammenhang mit den *Leitsätzen* organisieren
- soweit erforderlich Klarstellungen zur Auslegung der *Leitsätze* formulieren
- Meinungsaustausche zu den Aktivitäten der NKS veranstalten
- dem Rat der OECD über die *Leitsätze* Bericht erstatten

4. Der Investitionsausschuss ist dasjenige Organ der OECD, das für die Überwachung der Anwendung der *Leitsätze* zuständig ist. Diese Verantwortung erstreckt sich auch auf die anderen Elemente der Erklärung (die Übereinkünfte über die Inländerbehandlung, über die Förderung oder Abwehr internationaler Investitionen sowie über die Vermeidung widersprüchlicher Auflagen). Der Ausschuss sorgt dafür, dass jedes Element der Erklärung beachtet und richtig ausgelegt wird und dass alle Elemente einander ergänzen und miteinander harmonieren.

5. Die WPRBC ist ein nachgeordnetes Gremium des Ausschusses mit Zuständigkeiten in Bezug auf die *Leitsätze* und den Ratsbeschluss. In den Verfahrensregelungen werden eine Reihe von Beispielen für die Unterstützung des Ausschusses durch die WPRBC genannt:

- die Modalitäten der regelmäßigen Peer-Reviews der NKS entwickeln, die Organisation der Peer-Reviews durch das Sekretariat beaufsichtigen und die Prüfberichte der Peer-Reviews genehmigen
- die NKS bei Fragen zur Auslegung der *Leitsätze* in besonderen Fällen beraten
- die Antworten des Ausschusses auf begründete Anträge und auf Klarstellungsersuchen zur Auslegung der *Leitsätze* vorbereiten

- den Ausschuss beraten, wenn er gegenüber einem Teilnehmerstaat, dessen NKS offenkundig längere Zeit und ohne triftigen Grund nicht wie vorgesehen tätig war, Empfehlungen ausspricht
- den Ausschuss bei der Erörterung der jährlichen Berichte der NKS und der Veröffentlichung einer Analyse ihrer Aktivitäten im Rahmen eines Jahresberichts unterstützen

6. Angesichts der wachsenden Bedeutung verantwortungsvollen unternehmerischen Handelns für Nichtteilnehmerstaaten sieht der Ratsbeschluss vor, Nichtteilnehmerstaaten im Hinblick auf Themen, die in den *Leitsätzen* behandelt werden, einzubeziehen und mit ihnen zusammenzuarbeiten. Diese Bestimmung erlaubt es dem Ausschuss, Sondertreffen mit interessierten Nichtteilnehmerstaaten zu veranstalten, um ein besseres Verständnis der in den *Leitsätzen* enthaltenen Normen und Grundsätze sowie ihrer Umsetzungsverfahren zu vermitteln. Soweit es die einschlägigen Verfahrensregeln der OECD zulassen, kann der Ausschuss Nichtteilnehmerstaaten auch in besondere Aktivitäten oder Projekte zum verantwortungsvollen unternehmerischen Handeln einbinden, u. a. durch Einladung zu seinen Sitzungen.

7. Der Ausschuss arbeitet mit den NKS zusammen und sucht nach Möglichkeiten, um zusammen mit den beratenden Organen (BIAC und TUAC), OECD Watch und anderen internationalen Partnern die wirksame Umsetzung der *Leitsätze* proaktiv zu fördern. Im Rahmen seiner Aufgabe, die Umsetzung der Erklärung zu überwachen, stellt er Leitlinien zur Erfüllung der Sorgfaltspflichten für verantwortungsvolles unternehmerisches Handeln bereit und bemüht sich darum, die Kapazitäten der Unternehmen zur Durchführung von Due-Diligence-Prüfungen zu verbessern. Dabei wird er durch die WPRBC unterstützt, nimmt u. a. bestimmte Sektoren, Regionen und Risikobereiche in den Blick und arbeitet mit den NKS zusammen, um beispielsweise verschiedene Interessenträger einzubeziehen sowie die Bedürfnisse von kleinen und mittleren Unternehmen zu berücksichtigen. Weitere für die NKS relevante Hinweise in diesem Zusammenhang finden sich weiter unten in Ziffer 21.

I. Erläuterungen zu den Verfahrensregelungen für Nationale Kontaktstellen

8. Den NKS fällt eine wichtige Rolle dabei zu, die klare Wahrnehmung der *Leitsätze* zu fördern und ihre Wirksamkeit zu erhöhen. Wenngleich in erster Linie die Unternehmen selbst dafür verantwortlich sind, die *Leitsätze* bei ihrer laufenden Geschäftstätigkeit einzuhalten, können auch die Regierungen und ihre NKS dazu beitragen, die Umsetzung der *Leitsätze* wirksamer zu gestalten. Die Regierungen sind übereingekommen, dass zu diesem Zweck bessere Richtungsvorgaben für die Organisation und Aktivitäten der NKS nötig sind. Sie können z. B. durch regelmäßige Treffen und die Aufsicht durch den Ausschuss vermittelt werden.

9. Viele der in den Verfahrensregelungen beschriebenen Funktionen und Aktivitäten sind nicht neu, sondern tragen lediglich den im Lauf der Jahre gesammelten Erfahrungen und formulierten Empfehlungen Rechnung. Durch ihre ausdrückliche Beschreibung wird die erwartete Funktionsweise der Umsetzungsmechanismen der *Leitsätze* transparenter. Die Verfahrensregelungen enthalten nun sechs Teile zu den NKS, die alle Funktionen beschreiben und wie folgt überschrieben sind: Institutionelle Ausgestaltung, Information und Öffentlichkeitsarbeit, Besondere Fälle, Unterstützung von Regierungsmaßnahmen zur Förderung verantwortungsvollen unternehmerischen Handelns, Berichterstattung sowie Peer-Reviews.

10. Diesen sechs Teilen wurde eine Einleitung vorangestellt, in der der grundlegende Zweck der NKS sowie die zentralen Wirksamkeitskriterien dargelegt werden. Zwar wird den Regierungen bei der Organisation der NKS ein gewisser Spielraum eingeräumt, doch die Wirksamkeit aller NKS sollte sich auf vergleichbarem Niveau befinden. Dies wird als „funktionale Äquivalenz" definiert. Sie ist von entscheidender Bedeutung dafür, dass das NKS-Netzwerk in seiner Gesamtheit einen wirksamen Beitrag zur Umsetzung der *Leitsätze* leisten kann. Eine besondere Rolle spielt dabei die uneingeschränkte Beteiligung aller NKS am Mechanismus für besondere Fälle, die sowohl für das Vertrauen der Interessenträger als auch für eine umfassende und flächendeckende Wirksamkeit der NKS wichtig ist. Alle NKS streben unter Berücksichtigung ihrer jeweiligen Rahmenbedingungen nach funktionaler Äquivalenz, indem sie bei der

Erfüllung ihrer Aufgaben die nachfolgend näher beschriebenen zentralen Wirksamkeitskriterien berücksichtigen. Diese Kriterien helfen außerdem dem Ausschuss und der WPRBC bei den Peer-Reviews und der Erörterung des Verhaltens der NKS.

Zentrale Wirksamkeitskriterien für die funktionale Äquivalenz der Aktivitäten der NKS:

a) Sichtbarkeit

Entsprechend dem Ratsbeschluss kommen die Teilnehmerstaaten überein, NKS einzurichten, die für Interessenträger und einschlägige staatliche Stellen im In- und Ausland leicht als solche erkennbar sind. Des Weiteren vereinbaren sie, die Wirtschaft, Arbeitnehmerorganisationen und andere Interessenträger (inkl. Nichtregierungsorganisationen) darüber zu informieren, welche Einrichtungen existieren, die mit den NKS verbunden sind und im Rahmen der Umsetzung der *Leitsätze* zur Verfügung stehen. Ein grundlegender Schritt ist dabei der Betrieb einer umfassenden Internetpräsenz für die NKS. Von den Regierungen wird erwartet, dass sie Informationen über ihre NKS veröffentlichen (u. a. zu deren Verortung in der Regierungsstruktur, zu deren institutioneller Ausgestaltung sowie Verfahrensleitfäden) und dass sie die Beachtung der *Leitsätze* aktiv fördern, z. B. durch Informationsveranstaltungen und -materialien, die in Zusammenarbeit mit Unternehmen, Arbeitnehmer-, Nichtregierungsorganisationen und anderen Interessenträgern vorbereitet werden können, wobei jedoch nicht jedes Mal alle Gruppen vertreten sein müssen.

b) Zugänglichkeit

Damit die NKS gut funktionieren, müssen sie leicht zugänglich sein. Das bedeutet u. a., dass es für Unternehmen, Arbeitnehmer-, Nichtregierungsorganisationen und für die Öffentlichkeit problemlos möglich sein muss, die NKS in Anspruch zu nehmen. Sie sollten alle berechtigten Auskunftsersuchen beantworten und besondere Fälle effizient und zeitnah bearbeiten. Einreichungsgebühren werden nicht erhoben. Die Anforderungen an eine Einreichung werden klar formuliert, leicht zugänglich gemacht und verursachen keinen übermäßigen Aufwand. Soweit angemessen können die NKS im Rahmen ihrer zeitlichen und finanziellen Kapazitäten den beteiligten Parteien auch auf unparteiische und faire Weise Hilfestellungen geben, z. B. durch Übersetzungen und andere Sprachdienstleistungen, Leitfäden für zulässige Einreichungen und für Mediationsverfahren, flexible Fristen oder auch erschwingliche Optionen für die Beteiligung, z. B. per Videokonferenz.

c) Transparenz

Transparenz ist ein wichtiges Kriterium, weil sie auf die anderen zentralen Wirksamkeitskriterien ausstrahlt und weil sie zur Vertrauensbildung aufseiten der Interessenträger, der an besonderen Fällen beteiligten Parteien und der breiten Öffentlichkeit beiträgt. Deshalb gilt für die Aktivitäten der NKS im Rahmen des geltenden Rechts das Transparenzprinzip. Um ihm gerecht zu werden, können beispielsweise die jährlichen Berichte der NKS an die OECD veröffentlicht werden. Bei besonderen Fällen kann die NKS jedoch im Einklang mit den Ziffern 6 und 7 des Abschnitts I Unterabschnitt C der Verfahrensregelungen und den zugehörigen Erläuterungen festlegen, dass bestimmte Aspekte des Falls vertraulich zu behandeln sind.

d) Rechenschaftspflicht

Angesichts ihrer Aufgabe, die klare Wahrnehmung der *Leitsätze* zu fördern – und angesichts ihres Potenzials als Helfer im Umgang mit schwierigen Themen an der Schnittstelle von Unternehmen und Gesellschaft – legen die NKS über ihre Aktivitäten Rechenschaft ab. Auf nationaler Ebene können die Parlamente, Regierungen, gegebenenfalls beratende Gremien der NKS sowie Interessenträger möglicherweise nützliches Feedback zu den Aktivitäten der NKS liefern und als Quelle kontinuierlichen Lernens deren Leistung verbessern. Jährliche Berichte, regelmäßige Zusammenkünfte der NKS, Aktivitäten für gegenseitiges Lernen und Peer-Reviews bieten

Gelegenheiten zum Erfahrungsaustausch und zur Förderung empfehlenswerter Verfahrensweisen in Bezug auf die NKS. Auch der Ausschuss und die WPRBC veranstalten Meinungs- und Erfahrungsaustausche, bei denen evaluiert werden kann, inwieweit die Aktivitäten der NKS Wirkung entfalten.

e) Unvoreingenommenheit und Fairness

Unvoreingenommenheit und Fairness sind unabdingbar, um das Vertrauen der Interessenträger, der an besonderen Fällen beteiligten Parteien und der Öffentlichkeit zu gewinnen und zu wahren. Daher organisieren die Regierungen ihre NKS so, dass sie unvoreingenommen und fair handeln können und entsprechend wahrgenommen werden. Im Umgang mit besonderen Fällen gewährleisten die NKS ihre Unvoreingenommenheit u. a. dadurch, dass sie potenziellen bzw. wahrgenommenen Interessenkonflikten jeglicher Personen, die die Parteien im Auftrag der NKS bei der Lösung der aufgeworfenen Fragen unterstützen, aktiv vorbeugen bzw. entgegenwirken. Insbesondere mithilfe klarer und leicht zugänglicher Verfahrensleitfäden sollten die NKS auch gewährleisten, dass die Parteien unter fairen und gerechten Bedingungen an dem Verfahren mitwirken können. Zum Beispiel sollten die NKS sicherstellen, dass ungleiche Machtverhältnisse oder Ressourcen keine Partei davon abhalten, sich effektiv am Verfahren zu beteiligen, und dass relevante Informationsquellen in angemessener Weise zugänglich sind.

f) Vorhersehbarkeit

Im Rahmen ihrer Tätigkeit informieren die NKS klar und öffentlich über ihre Rolle und die Verfahren, die sie bei der Erfüllung ihrer Aufgaben und namentlich im Umgang mit besonderen Fällen anwenden. Diese Informationen sollten u. a. folgende Bereiche abdecken:

- die Bereitstellung von Vermittlungsdiensten,
- die Verfahrensschritte bei besonderen Fällen, inkl. Angaben zum Zeitrahmen und der Kriterien für die erste Evaluierung,
- Erwartungen in Bezug auf Treu und Glauben und Vertraulichkeit,
- die Art des Verfahrens und seine möglichen Ergebnisse und
- die Rolle, die die NKS gegebenenfalls einnimmt, um die Umsetzung der Vereinbarungen zwischen den Parteien oder ihrer eigenen Empfehlungen zu begleiten.

Die NKS veröffentlichen klar und verständlich formulierte Verfahrensleitfäden und informieren die an besonderen Fällen beteiligten Parteien regelmäßig über den Fortgang des Falls, insbesondere dann, wenn der weiter unten in den Ziffern 51 und 52 skizzierte Zeitrahmen nicht eingehalten werden kann.

g) Einhaltung der *Leitsätze*

Die Tätigkeit der NKS steht im Einklang mit den *Leitsätzen*. Vor allem bei der Bearbeitung besonderer Fälle gilt es deshalb, in Zusammenarbeit mit den Parteien Situationen zu vermeiden, in denen gegen die *Leitsätze* verstoßende Vereinbarungen getroffen werden oder der Verfahrensverlauf nicht den Verfahrensregelungen entspricht.

Institutionelle Ausgestaltung

11. Mit ihrer institutionellen Ausgestaltung sollen die NKS in die Lage versetzt werden, die zentralen Wirksamkeitskriterien zu erfüllen, gegebenenfalls das Vertrauen der Sozialpartner und anderer Interessenträger zu wahren sowie die klare Wahrnehmung der *Leitsätze* in der Öffentlichkeit zu stärken. Der Ratsbeschluss und die Verfahrensregelungen räumen den Teilnehmerstaaten Flexibilität bei ihrer Entscheidung über die institutionelle Ausgestaltung ihrer NKS ein und skizzieren nur einige der vielen möglichen Optionen. Allerdings werden bestimmte Merkmale genannt, die nötig sind, um die Mindestanforderungen zu erfüllen. Dazu gehören die Leitung durch hochrangige Führungskräfte, eine hinlängliche

Personal- und Mittelausstattung sowie ausreichende Zugriffsmöglichkeiten auf Fachwissen hinsichtlich der in den *Leitsätzen* behandelten Themen. Den Regierungen steht es frei, im Einklang mit ihren nationalen Gegebenheiten eine andere Bezeichnung für ihre NKS zu wählen. Um das Vertrauen in die NKS zu stärken, sollten die Regierungen bei Entscheidungen, die erhebliche Auswirkungen auf die institutionelle Ausgestaltung der NKS nach sich ziehen können, Interessenträger zu Rate ziehen.

12. Unabhängig von der Organisationsstruktur, die sie für ihre jeweilige NKS gewählt haben, wird den Regierungen empfohlen, mit verschiedenen Interessenträgern besetzte Beratungs- oder Aufsichtsgremien einzurichten, wenn dies nützlich erscheint, um die NKS bei ihren Aufgaben zu unterstützen.

13. Angemessene Ressourcen sind für die Wirksamkeit und Autorität der NKS unerlässlich. Gemäß dem Ratsbeschluss müssen die Teilnehmerstaaten mit einer ausreichenden Personal- und Mittelausstattung dafür sorgen, dass ihre NKS ihre Aufgaben effektiv erfüllen und in einer Weise wahrnehmen können, die den Wirksamkeitskriterien voll entspricht. Sie sind dazu angehalten, diese Mittel gegebenenfalls als Teil eines eigenen Budgets bereitzustellen. Wenn Personalrotation vorgesehen ist, sollte auf Kontinuität geachtet werden, z. B. indem das neue Personal nötigenfalls und mit Unterstützung des Sekretariats angemessen geschult und das institutionelle Gedächtnis gewahrt wird.

14. NKS jeglicher Zusammensetzung eint das Ziel, konstruktive Beziehungen mit Vertreter*innen einschlägiger staatlicher Stellen, der Wirtschaft, der Arbeitnehmer- und anderer Nichtregierungsorganisationen und sonstiger Interessenträger aufzubauen und zu pflegen sowie den Austausch mit ihnen zu suchen, um ihre aktive Unterstützung und ihr Vertrauen zu gewinnen.

Information und Öffentlichkeitsarbeit

15. Im Zusammenhang mit Information und Öffentlichkeitsarbeit übernehmen die NKS überaus wichtige Funktionen, um die klare Wahrnehmung der *Leitsätze* zu fördern, sie stärker im Bewusstsein der beteiligten Akteure und der Öffentlichkeit zu verankern und um Unternehmen dazu anzuhalten, unter Zuhilfenahme der Sorgfaltsgrundsätze der OECD den *Leitsätzen* entsprechend zu handeln.

16. Es ist Aufgabe der NKS, die Beachtung der *Leitsätze* zu fördern, und sie sind dazu aufgerufen, gegebenenfalls für die Anwendung der OECD-Sorgfaltsgrundsätze und namentlich der Umsetzung entsprechender Empfehlungen des Rates einzutreten. Dabei gilt es, die in Ziffer 15 der Erläuterungen zu Kapitel II der *Leitsätze* erwähnten Besonderheiten des OECD-Leitfadens zu diesem Thema zu berücksichtigen. Gefördert werden kann die Beachtung der *Leitsätze* z. B. durch Informationsmaterialien für Interessenträger oder die Organisation von bzw. Mitwirkung an Veranstaltungen zu verantwortungsvollem unternehmerischem Handeln. Außerdem kann für entsprechende Veranstaltungen der OECD, anderer NKS und einschlägiger Akteure geworben werden. Bei den Aktionen der NKS und den damit verbundenen Informationen sollte auf leichte Zugänglichkeit und Verfügbarkeit in verschiedenen geeigneten Formen (u. a. online) sowie in der bzw. den jeweiligen Landessprachen geachtet werden. Wichtig sind auch Links auf der Website der NKS zu den *Leitsätzen* und zu den OECD-Sorgfaltsgrundsätzen für verantwortungsvolles unternehmerisches Handeln. Englische und französische Sprachfassungen sind beim OECD-Sekretariat erhältlich.

17. Die NKS bemühen sich gegebenenfalls, sich mit den genannten Aktionen und Informationen in ausgewogener Weise an ein vielfältiges und repräsentatives Spektrum relevanter Akteure zu richten. In den Verfahrensregelungen werden potenzielle Investoren im In- und Ausland als Beispiel angeführt. Die NKS werden auch dazu angehalten, sich an einschlägige Regierungsstellen zu wenden und diplomatische Netzwerke zu nutzen, die eine wichtige Rolle als Multiplikatoren spielen können, indem sie die Beachtung der *Leitsätze* fördern und die NKS u. a. auch bei Interessenträgern in anderen Ländern bekannter machen. Je nach Rahmenbedingungen und Ressourcen einer NKS können gezielte Erfassungen der Interessenträger (*stakeholder mappings*) und Aktionspläne die Reichweite und Wirkung der Bemühungen der NKS um Beachtung der *Leitsätze* erhöhen.

18. Die NKS sollten auch über ihre Aufgaben und Aktivitäten im Hinblick auf die zentralen Wirksamkeitskriterien informieren. Sie sollten relevanten Akteuren ihre Rolle in besonderen Fällen nahebringen – soweit dies möglich und angemessen ist, auch solchen, die möglicherweise einen Fall einreichen werden. Dabei sollten sie auch über das Verfahren informieren, an das sich Parteien halten sollten, wenn sie einen besonderen Fall einreichen oder darauf reagieren. Außerdem sollten die NKS auf die für eine Einreichung nötigen Informationen sowie die Vertraulichkeitspflichten und andere Anforderungen an die Parteien eines besonderen Falls hinweisen, den Verfahrensverlauf beschreiben und den Zeitrahmen umreißen, an dem sich die NKS orientieren.

19. Die NKS arbeiten bei ihren Bemühungen, das Bewusstsein für die *Leitsätze* zu schärfen, mit zahlreichen Organisationen und Personen zusammen, darunter gegebenenfalls mit einschlägigen staatlichen Stellen, der Wirtschaft, Arbeitnehmer- und anderen Nichtregierungsorganisationen und sonstigen Interessenträgern. Diese Organisationen haben ein großes Interesse daran, die Beachtung der *Leitsätze* zu fördern, und wenn ihre institutionellen Netzwerke zu diesem Zweck genutzt werden, bieten sie Möglichkeiten, die entsprechenden Bemühungen der NKS maßgeblich zu verstärken.

20. Eine weitere grundlegende Aufgabe der NKS besteht in der Bearbeitung berechtigter Auskunftsersuchen, die vor allem von drei Gruppen gestellt werden können: *a)* von anderen NKS (wie im Ratsbeschluss ausdrücklich vorgesehen), *b)* von der privaten Wirtschaft, Arbeitnehmer- und anderen Nichtregierungsorganisationen sowie der Öffentlichkeit und *c)* von Regierungen von Nichtteilnehmerstaaten.

21. Um den Ausschuss und die WPRBC proaktiv bei der Umsetzung der *Leitsätze* zu unterstützen, sollten die NKS darauf achten, dass sie gegebenenfalls mit den Sozialpartnern sowie mit anderen Interessenträgern regelmäßig in Kontakt sind und zusammenkommen, um

a) neue Entwicklungen und Praktiken im Hinblick auf verantwortungsvolles unternehmerisches Handeln zu untersuchen,
b) den positiven Beitrag, den die Unternehmen zum wirtschaftlichen, sozialen und ökologischen Fortschritt leisten können, zu fördern und
c) sich gegebenenfalls an Gemeinschaftsinitiativen zu beteiligen, um die Risiken negativer Auswirkungen im Zusammenhang mit bestimmten Produkten, Regionen, Sektoren oder Industriezweigen zu ermitteln und ihnen entgegenzuwirken.

Gegenseitiges Lernen

22. Über ihren Beitrag zu den Bemühungen des Ausschusses und der WPRBC um mehr Wirksamkeit der *Leitsätze* hinaus beteiligen sich die NKS auch an gemeinsamen Aktivitäten des gegenseitigen Lernens. Hierfür eignen sich sowohl Zusammenkünfte bei der OECD als auch die unmittelbare Zusammenarbeit zwischen den NKS.

Peer-Reviews

23. Peer-Reviews sind wichtige Instrumente, um die wirksame Umsetzung der *Leitsätze* zu fördern, sich über empfehlenswerte Verfahrensweisen auszutauschen und die funktionale Äquivalenz der NKS zu erhöhen. Wie im Ratsbeschluss dargelegt, verpflichten sich die Teilnehmerstaaten dazu, in regelmäßigen Abständen Peer-Reviews der NKS durchzuführen. Sie werden vom Sekretariat unter der Aufsicht der WPRBC organisiert. Die Peer-Reviews dienen dazu, die Stärken und Schwächen einer NKS in Bezug auf die Erfüllung ihres Auftrags und die im Abschnitt I der Verfahrensregelungen definierten zentralen Wirksamkeitskriterien einzuschätzen. Soweit nötig werden auch Verbesserungen empfohlen.

24. Die Festlegung der Modalitäten der regelmäßigen Peer-Reviews (Verfahren, Dauer des Überprüfungszyklus und Finanzierung) erfolgt in einer „Core Template for NCP Peer Reviews" genannten zentralen Vorlage, die vom WPRBC im Einvernehmen genehmigt und auf der OECD-Website veröffentlicht wird. Am Ende jedes Zyklus prüft die WPRBC die zentrale Vorlage, insbesondere um folgende Punkte zu gewährleisten: Den NKS steht genügend Zeit zur Vorbereitung ihrer Peer-Reviews zur Verfügung, die

Peer-Reviews stellen keine unverhältnismäßig hohe Belastung dar, sie sind für die Regierungen und die geprüfte wie auch die prüfende NKS kosteneffizient, sie berücksichtigen die Arbeitsbelastung der WPRBC und des Sekretariats, und bei der Auswahl der prüfenden NKS erhalten alle Kontaktstellen die Gelegenheit, Teil des Prüfungsteams zu sein. Der Zyklus regelmäßiger Peer-Reviews beginnt erst, wenn die WPRBC die Modalitäten genehmigt hat.

Besondere Fälle

25. Von den NKS wird erwartet, in ihrer Funktion als außergerichtlicher Beschwerdemechanismus zur Beilegung von Streitfragen bei der Umsetzung der *Leitsätze* in besonderen Fällen beizutragen. Dabei sind die NKS bestrebt, einen Dialog zwischen den Parteien zu vermitteln und ihnen zu helfen, für die aufgeworfenen Fragen Lösungen zu finden, die für beide Seiten annehmbar und mit den *Leitlinien* vereinbar sind. Außerdem bemühen sich die NKS, den Dialog der Parteien mit ihrem Fachwissen in Bezug auf die *Leitlinien* aktiv zu begleiten. Die NKS sollten auch Abschlusserklärungen verfassen, die Orientierungshilfen zur Beilegung der Streitfragen und Umsetzung der *Leitlinien* enthalten. Der *OECD-Leitfaden für die Erfüllung der Sorgfaltspflicht für verantwortungsvolles unternehmerisches Handeln* und die sektorspezifischen Sorgfaltsgrundsätze der OECD eignen sich als Hilfsmittel für die NKS, um die *Leitsätze* besser zu verstehen und ihre Beachtung zu fördern, aber sie sind nicht als alleinige Grundlage für die Einreichung besonderer Fälle gedacht. Deshalb veröffentlicht jede NKS klare und leicht zugängliche Verfahrensleitfäden, die darstellen, wie besondere Fälle im Einklang mit den Verfahrensregelungen bearbeitet werden. Den NKS wird empfohlen, Interessenträger bei der Entwicklung dieser Verfahrensleitfäden einzubinden.

Beteiligung in gutem Glauben

26. Das Verfahren für besondere Fälle beruht auf Freiwilligkeit. Von allen Parteien wird erwartet, dass sie sich in gutem Glauben beteiligen. Das ist in diesem Zusammenhang dann der Fall, wenn die entsprechende Partei zeitnah reagiert, gegebenenfalls und im Einklang mit dem Verfahrensleitfaden der NKS die Vertraulichkeit wahrt, insbesondere bei öffentlichen Verlautbarungen von irreführenden Darstellungen der Streitfragen und des Verfahrens absieht, jegliche Androhung oder Durchführung von Repressalien gegen die am Verfahren beteiligten Parteien oder die NKS selbst unterlässt sowie sich an den Vorgängen ernsthaft beteiligt und dabei die Absicht hegt, eine Lösung für die aufgeworfenen Fragen im Einklang mit den *Leitlinien* zu finden, u. a. indem sie jegliche von der NKS angebotenen Vermittlungsdienste ernsthaft in Erwägung zieht.

27. Wenn eine NKS von angedrohten oder angewandten Repressalien gegen eine an einem besonderen Fall beteiligte Person, die NKS selbst oder eines ihrer Mitglieder erfährt, sollte sie im Rahmen ihrer Möglichkeiten und gegebenenfalls in Absprache mit anderen einschlägigen staatlichen Stellen wie z. B. diplomatischen Missionen Maßnahmen ergreifen, um zu gewährleisten, dass die gefährdete Person angemessen geschützt wird und das Verfahren in sicherer, zugänglicher, fairer und unparteiischer Weise fortgesetzt werden kann. Soweit möglich erfolgt vorher eine Rücksprache mit der gefährdeten Person. Repressalien können z. B. dann vorliegen, wenn mit einer Schädigung der Person selbst, ihrer Familie oder sonstiger ihr nahestehender Personen oder in unangemessener Weise mit Entlassungen, Leistungskürzungen oder rechtlichen Schritten gedroht wird. Angemessene Maßnahmen der NKS können z. B. darin bestehen, die Identität der gefährdeten Person geheim zu halten, ihre Vertretung durch einen vertrauenswürdigen Dritten vorzuschlagen, versuchte Repressalien in Stellungnahmen festzuhalten oder die zuständigen Behörden zu kontaktieren bzw. der gefährdeten Person zu helfen, dies zu tun.

28. Um die Zugänglichkeit und Unparteilichkeit zu wahren, sollten die Regierungen außerdem im Einklang mit dem nationalen Recht und in Abstimmung mit den zuständigen staatlichen Behörden angemessene Schritte einleiten, um die NKS und ihre Mitglieder vor Repressalien zu schützen. Außerdem sollten die Regierungen Maßnahmen unterstützen, die die NKS ergreift, um sich selbst und ihre Mitglieder zu schützen.

Abstimmung zwischen den NKS in besonderen Fällen

29. Mit den *Leitsätzen* richten sich die Teilnehmerstaaten an die „auf ihrem Staatsgebiet tätigen oder von dort aus operierenden" multinationalen Unternehmen. Deshalb können sich die Streitfragen der besonderen Fälle, die bei einer NKS eingereicht werden, im Teilnehmerstaat ergeben haben, oder sie können Unternehmen betreffen, die von seinem Staatsgebiet aus operieren. Dementsprechend können für bestimmte besondere Fälle die NKS mehrerer Teilnehmerstaaten zuständig sein, z. B.

- wenn der Fall sowohl das Ursprungs- als auch ein Gastland betrifft und beide Länder Teilnehmerstaaten sind (beispielsweise bei Tätigkeiten eines Unternehmens mit Sitz in einem Teilnehmerstaat, die Auswirkungen in einem anderen Teilnehmerstaat haben, oder bei einem Unternehmen mit Hauptsitzen in verschiedenen Teilnehmerstaaten),
- wenn sich die in einem besonderen Fall aufgeworfenen Fragen in mehreren Teilnehmerstaaten ergeben haben oder wenn sie mehrere Unternehmen mit Sitz in unterschiedlichen Teilnehmerstaaten betreffen oder
- wenn derselbe besondere Fall oder im Zusammenhang stehende besondere Fälle (die beispielsweise verschiedene an demselben Projekt oder derselben Lieferkette beteiligte Unternehmen betreffen) bei mehreren NKS eingereicht wird bzw. werden.

In solchen Fällen erfolgt nach Falleinreichung bei einer oder mehreren NKS zuerst eine Kontaktaufnahme und Abstimmung mit allen anderen betroffenen NKS, um die federführenden und verfahrensbegleitenden NKS zu bestimmen und Koordinierungsvereinbarungen zu treffen.

30. Im Allgemeinen übernimmt diejenige NKS die Federführung, in deren Land die betreffenden Fragen aufgeworfen wurden. In bestimmten Situationen können allerdings auch andere Kriterien eine Rolle spielen, z. B. wenn dies für einen Beitrag zur Lösung der aufgeworfenen Fragen nötig ist oder wenn sich die Fragen in einem Nichtteilnehmerstaat ergeben haben. Die Parteien sollten über die Koordinierungsvereinbarungen auf dem Laufenden gehalten werden. Außerdem sollten sie zu Rate gezogen werden, bevor entschieden wird, die Federführung an eine NKS zu übertragen, bei der der Fall nicht eingereicht wurde.

31. Die federführende NKS ist für alle Verfahrensaspekte des besonderen Falls zuständig und ihr Verfahrensleitfaden ist maßgeblich. Während des gesamten Verfahrens werden die verfahrensbegleitenden NKS auf dem Laufenden gehalten und leisten gegebenenfalls Amtshilfe, indem sie z. B. Stellungnahmen und Berichte überarbeiten, Übersetzungsdienste anbieten, Sitzungen mit den Parteien begleiten oder sonstige praktische Hilfestellung leisten. Die verfahrensbegleitenden NKS tragen nach Treu und Glauben zur Lösung des besonderen Falls bei und alle beteiligten NKS nutzen die Informationen und Materialien, die sie von anderen NKS erhalten, unter Beachtung der Vertraulichkeit und sachgerecht.

32. Bei der Festlegung der federführenden und verfahrensbegleitenden NKS sowie den Koordinierungsvereinbarungen können die NKS für Vorschläge und andere Hilfestellungen auf den Vorsitz der WPRBC zugehen. Wenn sich die NKS nicht einigen können, sollte die endgültige Entscheidung über den besonderen Fall – in Absprache mit den anderen NKS, die regelmäßig über den Fortgang des Falls informiert werden – durch die NKS erfolgen, bei der bzw. denen der besondere Fall eingereicht wurde.

Erste Evaluierung

33. Nach Anhörung der Parteien zu den aufgeworfenen Fragen und gegebenenfalls nach Abstimmung mit anderen NKS, um gemäß den Ziffern 29 bis 32 weiter oben die federführende NKS zu bestimmen, prüft die NKS im Rahmen einer ersten Evaluierung, ob die aufgeworfene Frage eine eingehendere Prüfung rechtfertigt.

Bei dieser ersten Evaluierung lässt sich die NKS von folgenden Fragen leiten:

- Um wen handelt es sich bei der betreffenden Partei und worin besteht ihr Interesse in der Angelegenheit?
- Handelt es sich um eine wesentliche (d. h. für die Umsetzung der *Leitsätze* relevante) Frage, die hinreichend begründet (d. h. durch ausreichende und glaubwürdige Informationen gestützt) vorgetragen wurde?
- Gelten die *Leitsätze* für das Unternehmen?
- Ist zu vermuten, dass ein Zusammenhang zwischen der Geschäftstätigkeit des Unternehmens und der in dem besonderen Fall aufgeworfenen Frage besteht?
- Inwieweit beschränken gemäß Ziffer 35 unten das geltende Recht und/oder Parallelverfahren die Möglichkeiten der NKS, in diesem Fall einen Beitrag zur Lösung der Frage und/oder zur Umsetzung der *Leitsätze* zu leisten?
- Würde die Bearbeitung der Frage den Zielen der *Leitsätze* dienen und zu ihrer Wirksamkeit beitragen?

34. Im Anschluss an diese erste Evaluierung übermittelt die NKS den betroffenen Parteien ihre Antwort. Ist sie zu dem Schluss gelangt, dass die Frage keine eingehendere Prüfung rechtfertigt, informiert sie die Parteien über die Gründe ihrer Entscheidung. Wird eine eingehendere Prüfung als gerechtfertigt erachtet, bedeutet dies nicht, dass die aufgeworfenen Fragen bereits abschließend geprüft wurden oder dass festgestellt wurde, ob sich ein Unternehmen im Einklang mit den *Leitsätzen* verhalten hat oder nicht.

Parallelverfahren

35. Der Begriff „Parallelverfahren" meint gerichtliche oder außergerichtliche Verfahren auf nationaler oder internationaler Ebene zu denselben oder sehr ähnlichen Fragen, die den laufenden besonderen Fall beeinflussen könnten. Das können auch andere besondere Fälle vor derselben oder einer anderen NKS sein. Allein die Tatsache, dass Parallelverfahren durchgeführt wurden, gleichzeitig laufen oder den Parteien offenstehen, hindert die NKS nicht zwingend daran, den Parteien Vermittlungsdienste anzubieten. Vielmehr sollten die NKS evaluieren, ob ihre Vermittlungsdienste einen positiven Beitrag zur Lösung der aufgeworfenen Fragen und/oder zur künftigen Umsetzung der *Leitsätze* leisten könnten und inwieweit ihre Dienste die Gefahr eines ernsthaften Nachteils für die Parteien der Parallelverfahren oder einer Missachtung des Gerichts bergen. Bei einer derartigen Evaluierung können die NKS die Praxis anderer NKS berücksichtigen, in Erwägung ziehen, den besonderen Fall nur teilweise anzunehmen oder seine Prüfung bis zum Abschluss der Parallelverfahren auszusetzen, und gegebenenfalls die Institutionen konsultieren, die das Parallelverfahren durchführen bzw. dafür in Frage kommen. Die NKS bemühen sich dabei auch um Unterstützung durch die Parteien in Form von einschlägigen Informationen und Einschätzungen zum Parallelverfahren.

Vermittlungsdienste

36. Sofern die aufgeworfenen Fragen eine eingehendere Prüfung rechtfertigen, bietet die NKS den beteiligten Parteien ihre Vermittlungsdienste an, um zu einer Lösung der Fragen beizutragen. Im Rahmen dieser Dienste kann die NKS nach Maßgabe ihres Verfahrensleitfadens einschlägige staatliche Stellen, Vertreter*innen der Wirtschaft, der Arbeitnehmer- und anderer Nichtregierungsorganisationen oder auch Sachverständige zu Rate ziehen. Auch Konsultationen mit den NKS anderer Länder können zur Lösung der Fragen beitragen, ebenso wie vom Sekretariat eingeholte Informationen oder Orientierungshilfen der WPRBC, wenn es um die Auslegung der *Leitsätze* geht.

37. Die Vermittlungsdienste der NKS bieten den Parteien eine Plattform, die helfen kann, die aufgeworfenen Fragen im Dialog zu lösen. Dem außergerichtlichen Charakter des Verfahrens für besondere Fälle entsprechend und unter der Voraussetzung, dass die Parteien zustimmen, kommt der NKS u. a. die Aufgabe zu, günstige Bedingungen für einen Dialog und eine Einigung zwischen den Parteien zu schaffen. Zentraler Punkt dieser Einigung ist die Verpflichtung des betreffenden Unter-

nehmens, die Umsetzung der *Leitsätze* künftig zu fördern sowie gegebenenfalls und im Einklang mit den *Leitsätzen* bereits eingetretenen negativen Auswirkungen zu begegnen. Bei der Vermittlung des Dialogs sollte die NKS die für die aufgeworfenen Fragen einschlägigen Regelungen der *Leitsätze* erläutern, um die Parteien dabei zu unterstützen, sich im Einklang mit den *Leitsätzen* zu einigen.

38. Die NKS werden im Rahmen ihrer Vermittlungsdienste, sofern dies für die vorliegenden Fragen zweckdienlich ist, auf eine gütliche und einvernehmliche Lösung abzielende Verfahren, wie z. B. Mediations- und Schlichtungsverfahren, anbieten oder den Zugang zu solchen Verfahren erleichtern, um zur Lösung der Streitfragen beizutragen. Gemäß gängiger Praxis für Schlichtung oder Mediation setzt die Anwendung derartiger Verfahren voraus, dass die beteiligten Parteien zustimmen und sich auf eine Beteiligung nach Treu und Glauben verpflichten. Wird die Option einer Mediation gewählt, kann die NKS das Mediationsverfahren selbst übernehmen oder seine Durchführung bzw. Unterstützung in Abstimmung mit den Parteien an externe Mediator*innen abgeben.

Abschluss des Verfahrens

39. Von den NKS wird erwartet, dass sie die Ergebnisse besonderer Fälle stets gemäß Abschnitt I Unterabschnitt C Ziffer 4 und Abschnitt I Unterabschnitt C Ziffer 6 der Verfahrensregelungen veröffentlichen.

40. Wenn die NKS nach der ersten Evaluierung beschlossen hat, dass die in dem besonderen Fall aufgeworfenen Fragen keine eingehendere Prüfung rechtfertigen, veröffentlicht sie nach Konsultation mit den beteiligten Parteien eine Erklärung. Dabei achtet sie darauf, sensible Unternehmens- oder sonstige Daten vertraulich zu behandeln. Wenn die NKS aufgrund der Ergebnisse ihrer ersten Evaluierung zu der Auffassung gelangt, dass es ungerechtfertigt wäre, in einer Erklärung zu ihrer Entscheidung eine Partei öffentlich zu identifizieren, kann sie die Erklärung so verfassen, dass die Identität der betreffenden Partei geschützt wird.

41. Die NKS kann auch ihre Entscheidung für eine eingehendere Prüfung der aufgeworfenen Fragen öffentlich verfügbar machen. Dies gilt auch für ihr Angebot, den beteiligten Parteien ihre Vermittlungsdienste zur Verfügung zu stellen.

42. Wenn die beteiligten Parteien eine Einigung über die aufgeworfenen Fragen erzielen, sollten sie in ihrer Vereinbarung auch darauf eingehen, wie und in welchem Umfang deren Inhalt veröffentlicht werden soll. Die NKS veröffentlicht in Rücksprache mit den Parteien eine Erklärung mit den Ergebnissen des Verfahrens. Sie kann auch dann Empfehlungen zur Umsetzung der *Leitsätze* aussprechen, wenn sich die Parteien vollständig oder teilweise geeinigt haben.

43. Erzielen die am besonderen Fall beteiligten Parteien mindestens über einen Teil der aufgeworfenen Fragen keine Einigung, zieht sich mindestens eine der Parteien aus dem Verfahren zurück oder stellt die NKS fest, dass bei mindestens einer Partei die Bereitschaft fehlt, nach Treu und Glauben mitzuwirken bzw. teilzunehmen, gibt die NKS zur Umsetzung der *Leitsätze* im Kontext der aufgeworfenen Fragen eine Erklärung ab und formuliert gegebenenfalls Empfehlungen dazu. Dieses Verfahren stellt klar, dass die NKS auch dann eine Erklärung abgibt, wenn ihrer Ansicht nach keine spezifische Empfehlung geboten ist. Die Erklärung sollte die Parteien, die aufgeworfenen Fragen, das Datum der Einreichung bei der NKS und gegebenenfalls ihre Empfehlungen enthalten, ebenso wie jegliche von ihr für sinnvoll erachteten Bemerkungen zu den Gründen, aus denen das Verfahren nicht zu einer Einigung geführt hat.

44. Wenn dies angemessen und für die Lösung der Fragen relevant ist und soweit das geltende Recht und der Verfahrensleitfaden der NKS dies zulassen, kann sich die NKS in ihrer Abschlusserklärung auch nach eigenem Ermessen dazu äußern, ob sich das Unternehmen ihrer Ansicht nach an die *Leitsätze* gehalten hat. Außerdem kann die NKS gegebenenfalls einschlägige staatliche Stellen darüber informieren, inwieweit sich die Parteien nach Treu und Glauben beteiligt haben. In diesem Zusammenhang sollte sie mit den Parteien über ihre beabsichtigten oder tatsächlichen Schritte auf transparente Weise kommunizieren.

45. Die NKS sollte den Parteien die Gelegenheit bieten, ihren Erklärungsentwurf zu kommentieren. Urheber der Erklärung bleibt aber die NKS und es liegt in ihrem Ermessen, ob der Erklärungsentwurf aufgrund der Kommentare der Parteien geändert wird.

Folgemaßnahmen

46. Soweit dies relevant ist, führen die NKS Folgemaßnahmen zu den von ihnen vermittelten Vereinbarungen oder ausgesprochenen Empfehlungen durch. Unerheblich sind Folgemaßnahmen beispielsweise dann, wenn die Parteien sie ablehnen oder sich einig sind, dass die Fragen vollständig gelöst wurden. In der Erklärung der NKS sollte auf die Fristen für diese Maßnahmen eingegangen werden. Folgemaßnahmen können z. B. darin bestehen, dass neue Informationen zum Stand der Dinge von den Parteien angefordert werden oder dass Treffen zwischen der NKS und den Parteien (separat oder gemeinsam) stattfinden, bei denen die Fortschritte bewertet werden, die bei der Umsetzung der gemäß Vereinbarung eingegangenen Verpflichtungen bzw. in Bezug auf die Empfehlungen der NKS gemacht wurden. Nach Durchführung der Folgemaßnahmen sollte die NKS eine Erklärung dazu veröffentlichen.

Transparenz und Vertraulichkeit

47. Transparenz ist als grundlegendes Verhaltensprinzip der NKS anerkannt (vgl. Ziffer 10 Buchstabe c im Abschnitt weiter oben zu den „zentralen Wirksamkeitskriterien"). Allerdings wird in Abschnitt I Unterabschnitt C Ziffer 6 der Verfahrensregelungen eingeräumt, dass es unter besonderen Umständen gerechtfertigt sein kann, bestimmte von den Parteien vorgebrachte Fakten und Argumente geheim zu halten. Zum Beispiel ergreifen die NKS zweckmäßige Schritte zum Schutz sensibler Unternehmensdaten, damit beispielsweise Geschäftsgeheimnisse gewahrt bleiben. Auch bestimmte andere Informationen sollten nicht preisgegeben werden, z. B. die Identität von Verfahrensbeteiligten, wenn ihnen selbst oder ihnen nahestehenden Personen andernfalls Racheakte drohen könnten. Es ist gleichwohl wichtig, dass zwischen Transparenz und Vertraulichkeit ein Gleichgewicht hergestellt wird, um das Vertrauen in das Verfahren für besondere Fälle zu festigen und die wirksame Umsetzung der *Leitsätze* zu fördern. Es wird anerkannt, dass NKS möglicherweise vorrangig an nationales Recht zu Transparenz und Offenlegung gebunden sind.

48. Was die Weitergabe von Informationen zwischen den Parteien betrifft, sollte die NKS die Parteien im Interesse eines fairen Verfahrens grundsätzlich über alle relevanten Fakten und Argumente unterrichten, die von anderen Parteien im Verfahrensverlauf (und insbesondere in der Zeit, in der sie Vermittlungsdienste leistet) an die NKS herangetragen wurden. Stellt eine Partei einen begründeten Antrag, bestimmte eingereichte Informationen nicht vollständig mit der anderen Partei zu teilen, insbesondere um sensible Unternehmensdaten und die Interessen anderer beteiligter Akteure zu schützen, sollte die NKS in Zusammenarbeit mit der einreichenden Partei die sensiblen Inhalte entfernen, um den Austausch von Informationen zu fördern. Soweit möglich, sollten die grundlegenden Aspekte der Entscheidungen der NKS nur auf Informationen beruhen, die beiden Parteien zur Verfügung stehen.

49. Im Hinblick auf die Kommunikation mit der Öffentlichkeit oder Dritten können sowohl die Parteien als auch die NKS im Einklang mit dem zentralen Wirksamkeitskriterium der Transparenz und vorbehaltlich anderslautender Vereinbarungen zwischen den Parteien und der NKS öffentlich über das Vorliegen des besonderen Falls kommunizieren. Außerdem sind die NKS dazu angehalten, den Parteien öffentliche Verlautbarungen zum Verfahrensstand gemäß den Ziffern 1 bis 5 des Abschnitts I Unterabschnitt C der Verfahrensregelungen zu erlauben (oder solche Verlautbarungen selbst herauszugeben). Empfohlen wird auch, den Parteien die Veröffentlichung ihrer eigenen ursprünglichen Einreichung zu gestatten. Jede Partei kann auch Informationen oder Dokumente, die sie von der anderen Partei erhalten hat, mit Berater*innen erörtern, die sie mit dem Fall betraut hat, solange diese Berater*innen davon absehen, die Informationen anderen gegenüber offenzulegen. Davon abgesehen sind jegliche Informationen vertraulich zu behandeln, wenn zwischen den Parteien nichts anderes vereinbart wurde. Insbesondere weisen die NKS die Parteien zu Beginn des Verfahrens darauf hin, dass sie noch nicht öffentlich bekannte Fakten und Argumente, die ihnen die andere Partei oder die NKS selbst (oder gegebenenfalls ein*e externe*r

Mediator*in oder Schlichter*in) im Verfahrensverlauf mitteilen, zu keinem Zeitpunkt offenlegen dürfen, es sei denn, die andere Partei bzw. die NKS stimmt der Offenlegung zu. Um die Vorhersehbarkeit und das Vertrauen zu fördern, können die NKS die Parteien und deren Berater*innen diesbezüglich um schriftliche Zusicherungen ersuchen und Bestimmungen zur Einhaltung der Vertraulichkeitsauflagen in ihre Verfahrensleitfäden aufnehmen.

In Nichtteilnehmerstaaten aufgeworfene Fragen

50. Wie in Ziffer 2 des Kapitels I der *Leitsätze* („Begriffe und Grundlagen") erwähnt, werden die Unternehmen dazu angehalten, die *Leitsätze* überall dort, wo sie ihre Geschäftstätigkeit ausüben, unter Berücksichtigung der besonderen Gegebenheiten des jeweiligen Gastlands zu beachten.

- Für den Fall, dass in einem Nichtteilnehmerstaat Fragen im Zusammenhang mit den *Leitsätzen* auftreten, treffen die NKS im Ursprungsland Maßnahmen, um zu einem besseren Verständnis der aufgeworfenen Fragen beizutragen. Zwar wird es nicht immer machbar sein, Zugang zu allen sachdienlichen Informationen zu erlangen oder alle beteiligten Parteien zusammenzubringen, doch möglicherweise ist die NKS trotzdem in der Lage, den Sachverhalt durch Nachforschungen und andere Aktivitäten zu klären. Beispielsweise könnte sie Kontakt mit der Leitung des Unternehmens im Ursprungsland sowie gegebenenfalls mit den zuständigen Botschaften und mit amtlichen Stellen des betreffenden Nichtteilnehmerstaats aufnehmen.
- Wenn es sich bei dem Gastland um einen Nichtteilnehmerstaat handelt, stehen die *Leitsätze* möglicherweise nicht mit bestimmten rechtlichen Bestimmungen und Politiken im Einklang, sodass sich ihre wirksame Anwendung in besonderen Fällen als schwieriger erweisen kann. Wie in den Erläuterungen zu Kapitel II der *Leitsätze* („Allgemeine Grundsätze") dargelegt, geht ihr Anwendungsbereich vielfach über das nationale Recht hinaus, allerdings läuft es ihrem Ziel und Zweck zuwider, ein Unternehmen mit widersprüchlichen Auflagen zu belegen.
- Die beteiligten Parteien müssen von den Beschränkungen, die mit der Umsetzung der *Leitsätze* in Nichtteilnehmerstaaten einhergehen, in Kenntnis gesetzt werden.
- Fragen rund um die Umsetzung der *Leitsätze* in Nichtteilnehmerstaaten können auch auf den Treffen der NKS besprochen werden. Auf diese Weise kann Fachwissen für den Umgang mit den in diesen Ländern auftretenden Hürden aufgebaut werden.

Zeitrahmen

51. Das in besonderen Fällen durchgeführte Verfahren umfasst fünf Etappen:

1. *Koordinierung:* Die NKS sollten sich gegebenenfalls auf Basis des eingereichten besonderen Falls und seiner Merkmale abstimmen, um die federführende NKS zu bestimmen. Die zum Verfahrensbeginn vorgesehenen Koordinierungsvereinbarungen zur Festlegung der federführenden und verfahrensbegleitenden NKS sollten innerhalb von zwei Monaten abgeschlossen sein.
2. *Erste Evaluierung und Entscheidung, ob Vermittlungsdienste zur Unterstützung der Parteien angeboten werden:* Die NKS sollten anstreben, die erste Evaluierung innerhalb von drei Monaten nach der Festlegung der federführenden und verfahrensbegleitenden NKS abzuschließen, allerdings könnte mehr Zeit benötigt werden, um die für eine fundierte Entscheidung erforderlichen Informationen zusammenzutragen oder zu übersetzen.
3. *Unterstützung der Parteien bei ihren Bemühungen zur Lösung der aufgeworfenen Fragen:* Wenn eine NKS die Entscheidung trifft, ihre Vermittlungsdienste anzubieten, sollte sie sich darum bemühen, eine zeitnahe Lösung der Fragen zu fördern. In Anerkennung der Tatsache, dass Fortschritte durch Mediations-, Schlichtungsverfahren und andere Vermittlungsdienste letztlich von den beteiligten Parteien abhängig sind, sollte die NKS nach Konsultationen mit den beteiligten Parteien einen angemessenen Zeitrahmen für ihre gemeinsamen Erörterungen zur Lösung der aufgeworfenen Fragen aufstellen. Wenn die Parteien innerhalb dieses Zeitrahmens keine Einigung erzielen, sollte die NKS im Austausch mit ihnen klären, welchen Wert eine Fortsetzung der

Unterstützung hat. Wenn die NKS zu dem Schluss gelangt, dass eine Fortsetzung des Verfahrens keine produktiven Ergebnisse erwarten lässt, sollte sie das Verfahren abschließen und eine Erklärung vorbereiten.

4. *Abschluss des Verfahrens:* Die NKS sollte anstreben, ihre Erklärung innerhalb von drei Monaten nach Abschluss des Verfahrens zu veröffentlichen.
5. *Folgemaßnahmen:* Nach Abstimmung mit den Parteien kann die NKS ihren eigenen Zeitplan für Folgemaßnahmen festlegen.

52. Grundsätzlich sollten sich die NKS darum bemühen, das Verfahren ab Einreichung des besonderen Falls innerhalb von 12 Monaten (bzw. 14 Monaten, wenn eine Koordinierung zur Bestimmung der federführenden NKS nötig ist) abzuschließen. Es wird anerkannt, dass dieser Zeitrahmen möglicherweise verlängert werden muss, wenn die Umstände dies erfordern, z. B. wenn die Fragen in einem Nichtteilnehmerstaat aufgetreten sind, der besondere Fall mehrere Unternehmen, Einreichungen und NKS betrifft oder wenn Übersetzungen erforderlich sind. Wenn bei der Bearbeitung eines besonderen Falls Verzögerungen zu erwarten sind oder auftreten, sollte die NKS die Parteien zeitnah informieren, damit die Verfahrensabläufe vorhersehbar bleiben. Unter Einhaltung ihres Verfahrensleitfadens kann die NKS entscheiden, die Öffentlichkeit über den Status ihrer besonderen Fälle auf dem Laufenden zu halten.

Berichterstattung an die WPRBC und den Investitionsausschuss

53. Die Berichterstattung bildet eine wichtige Aufgabe der NKS; sie kann u. a. dazu beitragen, Wissensbestände aufzubauen und Kernkompetenzen zur Steigerung der Wirksamkeit der *Leitsätze* zu entwickeln. Vor diesem Hintergrund erstatten die NKS der WPRBC und dem Investitionsausschuss jährlich Bericht, damit Informationen zu allen von Parteien eingereichten besonderen Fällen in den Jahresbericht zu den OECD-Leitsätzen (*Annual Report on the OECD Guidelines for Multinational Enterprises*) aufgenommen werden können. Zu diesem Zweck legt die WPRBC dem Ausschuss eine Analyse der jährlichen Berichte der NKS vor, die Teil des Jahresberichts zu den OECD-Leitsätzen wird. Die jährlichen Berichte der NKS sollten auf besondere Fälle in den verschiedenen Etappen – Koordinierung, Erste Evaluierung, Vermittlungsdienste, Abschluss oder Folgemaßnahmen – eingehen. Bei ihrer Berichterstattung über Aktivitäten zur Umsetzung der *Leitsätze* in besonderen Fällen tragen die NKS den in den Ziffern 6 bis 7 des Abschnitts I Unterabschnitt C der Verfahrensregelungen und in ihren Verfahrensleitfäden dargelegten Transparenz- und Vertraulichkeitserwägungen Rechnung.

Unterstützung von Regierungsmaßnahmen zur Förderung verantwortungsvollen unternehmerischen Handelns

54. Der Ratsbeschluss erkennt an, dass die NKS die Regierungen gegebenenfalls und in Abstimmung mit den einschlägigen staatlichen Stellen dabei unterstützen können, Maßnahmen und Programme zur Förderung verantwortungsvollen unternehmerischen Handelns zu entwickeln, zu verwalten und kohärent zu gestalten. Insbesondere können die NKS die Ausrichtung dieser Bemühungen an den *Leitsätzen* begünstigen und dazu beitragen, den Status als internationale Standards für verantwortungsvolles unternehmerisches Handeln zu wahren, den die *Leitsätze* und andere von ihnen abgeleitete Instrumente und Leitlinien der OECD, z. B. die OECD-Sorgfaltsgrundsätze, genießen.

55. Die NKS haben verschiedene Möglichkeiten, ihre Regierungen bei der Entwicklung, Umsetzung und kohärenten Gestaltung von Maßnahmen zur Förderung verantwortungsvollen unternehmerischen Handelns zu unterstützen. Erstens werden die NKS dazu angehalten, ihre Stellungnahmen und Berichte sowie andere Daten, Studien und Erkenntnisse an einschlägige staatliche Stellen weiterzugeben, wenn diese Materialien nach Informationen der NKS für die Maßnahmen und Programme der betreffenden Stelle relevant sind, weil diese sich z. B. mit Interessenvertretung in Handelsfragen, Wirtschaftsdiplomatie oder anderen Unterstützungsangeboten und Leistungen für Unternehmen befasst. Zweitens hat es sich für die Teilnehmerstaaten als hilfreich erwiesen, ihre NKS in die Entwicklung und Umsetzung bestimmter Maßnahmen oder Programme einzubinden, z. B. in Aktionspläne auf nationaler Ebene für verantwortungs-

volles unternehmerisches Handeln und/oder zum Thema Wirtschaft und Menschenrechte. Diese Bestimmung hat keine Auswirkung auf den freiwilligen Charakter der *Leitsätze* und wann immer von der NKS Unterstützung geleistet oder angefragt wird, sollten ihre Kapazitäten und Prioritäten berücksichtigt und Beeinträchtigungen ihrer Fähigkeiten zur Erfüllung ihrer Aufgaben gemäß dem Ratsbeschluss und den Verfahrensregelungen vermieden werden.

II. Erläuterungen zu den Verfahrensregelungen für den Investitionsausschuss, die WPRBC und das Sekretariat

56. Die Verfahrensregelungen im Anhang des Ratsbeschlusses enthalten zusätzliche Orientierungshilfen, die dem Ausschuss, der WPRBC und dem Sekretariat helfen sollen, ihre Verantwortlichkeiten wahrzunehmen und u. a.

- die ihnen übertragenen Aufgaben effizient und zügig zu erledigen,
- sich mit Unterstützungsersuchen der NKS zu befassen, beispielsweise in Form von Klarstellungen, Orientierungshilfen und Informationen zur Auslegung der *Leitsätze* in besonderen Fällen,
- Meinungsaustausche zu den Aktivitäten der NKS zu veranstalten und
- Möglichkeiten zu schaffen, Stellungnahmen bei ausländischen Partnern und Sachverständigen einzuholen.

57. Der nicht rechtsverbindliche Charakter der *Leitsätze* verbietet es dem Ausschuss, als Organ mit richterlichen oder quasi-richterlichen Aufgaben zu fungieren. Auch dürfen die Schlussfolgerungen und Erklärungen der NKS (abgesehen von Auslegungen der *Leitsätze*) nicht durch Vorlage der Angelegenheit beim Ausschuss infrage gestellt werden. Die Bestimmung, dass der Ausschuss keine Schlussfolgerungen über das Verhalten einzelner Unternehmen zieht, wurde im Ratsbeschluss selbst beibehalten.

58. Das Sekretariat und die WPRBC befassen sich mit Unterstützungsersuchen der NKS, wenn im Rahmen laufender besonderer Fälle Fragen zur Auslegung der *Leitsätze* aufgekommen sind. Die NKS sollte sich dabei zunächst an das Sekretariat wenden, um Informationen über die Auslegung der *Leitsätze* in ähnlich gelagerten Fällen zu erhalten. Wenn entsprechende Informationen fehlen oder nicht ausreichend vorhanden sind, oder wenn das Sekretariat nicht in der Lage ist, die NKS zu unterstützen, kann sie sich an die WPRBC wenden, um Orientierungshilfen zu erhalten. Diese Ersuchen werden vertraulich behandelt und nach Maßgabe der verfügbaren Ressourcen zügig bearbeitet. Um sie möglichst schnell zu beantworten, kann die WPRBC kurzfristig Sitzungen anberaumen oder eine Untergruppe einrichten, die sich mit dieser Aufgabe befasst. Die Untergruppe folgt dabei von der WPRBC entwickelten Verfahrensabläufen. Die vom Sekretariat bereitgestellten Informationen und die Orientierungshilfen der WPRBC sind vertraulich, fallspezifisch und haben beratenden Charakter. In regelmäßigen Berichten unterrichtet das Sekretariat die WPRBC und diese den Ausschuss über die Fragen, zu denen sie um Informationen und Orientierungshilfen ersucht wurden, und über die erteilten Antworten. Die Vertraulichkeit wird dabei gewahrt. Wenn die WPRBC bezüglich einer Frage, wegen der sie um eine Orientierungshilfe ersucht wurde, eine Klarstellung zur Auslegung der *Leitsätze* für erforderlich hält, fordert sie die NKS auf, gemäß Abschnitt II Ziffer 2 Buchstabe c der Verfahrensregelungen eine solche Klarstellung durch den Ausschuss zu beantragen.

59. Klarstellungen zur Auslegung der *Leitsätze* gemäß Abschnitt II Ziffer 2 Buchstabe c der Verfahrensregelungen bleiben eine Schlüsselfunktion des Ausschusses. Sie sollen gewährleisten, dass die Auslegung der *Leitsätze* nicht von einem Land zum anderen variiert. Ein Ersuchen um Klarstellung kann von einem Teilnehmerstaat, einem beratenden Organ (BIAC oder TUAC) oder von OECD Watch vorgelegt werden und kann auch die Frage betreffen, ob eine NKS oder auch ein früherer Ausschuss in einem abgeschlossenen besonderen Fall die *Leitsätze* richtig ausgelegt hat. Die WPRBC bereitet die Klarstellung durch den Ausschuss mit Unterstützung des Sekretariats nach einem vom Ausschuss festzulegenden

Verfahren vor. Die Klarstellung wird auf der Website der OECD veröffentlicht. Der Investitionsausschuss zieht dabei keine Schlussfolgerungen über das Verhalten einzelner Unternehmen und von den NKS wird nicht erwartet, dass sie einen bereits abgeschlossenen besonderen Fall infolge der Klarstellung erneut bearbeiten.

60. Bei der Erörterung der Aktivitäten der NKS kann der Ausschuss soweit erforderlich Empfehlungen zur Verbesserung ihrer Funktionsweise formulieren. Diese können sich auch auf die wirksame Anwendung der *Leitsätze* beziehen. Außerdem kann er auf Situationen eingehen, in denen eine NKS ihre Funktionsfähigkeit einbüßt. Insbesondere kann er auf der Grundlage der letzten beiden jährlichen Berichtszyklen und auf Antrag der WPRBC die Feststellung treffen, dass eine NKS längere Zeit und ohne triftigen Grund offenkundig nicht im Einklang mit den Verfahrensregelungen tätig war. Diese Feststellung kann z. B. darauf beruhen, dass wiederholt versäumt wurde, die NKS mit den zur grundlegenden Erfüllung ihrer Aufgaben notwendigen Ressourcen auszustatten, dass die institutionelle Ausgestaltung offensichtlich unangemessen ist, keinerlei Aktivitäten zur Förderung der Beachtung der *Leitsätze* stattfinden, wiederholt beträchtliche und unangemessene Verzögerungen bei der Bearbeitung von besonderen Fällen auftreten oder Berichtspflichten nicht erfüllt werden. Der Ausschuss kann dann gegenüber dem betreffenden Teilnehmerstaat Empfehlungen aussprechen, verbunden mit der Aufforderung, innerhalb einer festgelegten Frist über deren Umsetzung Bericht zu erstatten. Wenn dieser Bericht den Ausschuss nicht davon überzeugt, dass die NKS gemäß den Verfahrensregelungen tätig ist, kann er erneut Empfehlungen aussprechen. Der Ausschuss kann auch das Sekretariat hinzuziehen, damit es den Teilnehmerstaat bei der Umsetzung der Empfehlungen unterstützt. Der Teilnehmerstaat der betreffenden NKS sollte an dem Vorgang in gutem Glauben teilnehmen. Es wird davon ausgegangen, dass er nur unter von ihm selbst festgestellten außergewöhnlichen Umständen davon absieht, sich dem Konsens anzuschließen.

61. Der Ausschuss befasst sich auch mit begründeten Anträgen eines Teilnehmerstaats, eines beratenden Organs (BIAC oder TUAC) oder des Netzwerks OECD Watch auf Prüfung der Frage, ob eine NKS ihre Aufgaben im Zusammenhang mit den Verfahren zur Umsetzung der *Leitsätze* in besonderen Fällen erfüllt hat. Die WPRBC bereitet die Antwort des Ausschusses mit Unterstützung des Sekretariats nach einem vom Ausschuss festgelegten Verfahren vor. Ihre Annahme erfolgt im Einvernehmen. Der Teilnehmerstaat, dessen NKS Gegenstand des begründeten Antrags ist, sollte an dem Vorgang in gutem Glauben teilnehmen. Es wird davon ausgegangen, dass er nur unter von ihm selbst festgestellten außergewöhnlichen Umständen davon absieht, sich dem Konsens anzuschließen. Der Ausschuss gibt dem betreffenden Teilnehmerstaat die Möglichkeit, sich vor der Annahme der Antwort zu dem begründeten Antrag zu äußern, und er kann den Teilnehmerstaat auffordern, innerhalb von zwölf Monaten nach der Antwort über die Umsetzung etwaiger Empfehlungen zu berichten.

62. Um Nichtteilnehmerstaaten hinsichtlich in den *Leitsätzen* behandelter Themen einzubeziehen, kann der Ausschuss interessierte Nichtteilnehmerstaaten zu seinen Sitzungen, zu jährlichen Round-Table-Gesprächen über verantwortungsvolles unternehmerisches Handeln sowie zu Treffen im Zusammenhang mit konkreten Projekten zu verantwortungsvollem unternehmerischem Handeln einladen.

63. Der Ausschuss und die WPRBC können es außerdem als wünschenswert erachten, Sachverständige hinzuzuziehen, die allgemeine Themen (z. B. Kinderarbeit oder Menschenrechte) oder auch spezifische Fragen zur Sprache bringen oder in Berichten behandeln bzw. die Wirksamkeit der Verfahren verbessern. Zu diesem Zweck könnte sich der Ausschuss z. B. auf die in der OECD selbst vorhandenen fachlichen Kompetenzen, internationale Organisationen, die beratenden Organe (BIAC und TUAC), OECD Watch, Nichtregierungsorganisationen oder Vertreter*innen der Wissenschaft stützen. Es besteht Einvernehmen darüber, dass daraus keine Sondergruppen zur Lösung spezifischer Fragen entstehen dürfen.

www.ingramcontent.com/pod-product-compliance
Lightning Source LLC
Chambersburg PA
CBHW061224240926
51846CB00006B/1339